决不拿原则做交易
——《哥达纲领批判》义释

闫永飞 刘 伟 | 著

图书在版编目(CIP)数据

决不拿原则做交易：《哥达纲领批判》义释/闫永飞，刘伟著. -- 北京：研究出版社，2024.5

ISBN 978-7-5199-1672-5

Ⅰ.①决… Ⅱ.①闫… ②刘… Ⅲ.①哥达纲领批判 - 马克思著作研究 Ⅳ.①A811.24

中国国家版本馆CIP数据核字(2024)第080435号

出 品 人：陈建军
出版统筹：丁　波
责任编辑：何雨格

决不拿原则做交易

JUEBU NA YUANZE ZUO JIAOYI

——《哥达纲领批判》义释

闫永飞　刘　伟　著

研究出版社 出版发行

（100006　北京市东城区灯市口大街100号华腾商务楼）
北京云浩印刷有限责任公司印刷　新华书店经销
2024年5月第1版　2024年5月第1次印刷
开本：710毫米×1000毫米　1/16　印张：11.75
字数：146千字
ISBN 978-7-5199-1672-5　定价：58.00元
电话（010）64217619　64217652（发行部）

版权所有·侵权必究
凡购买本社图书，如有印制质量问题，我社负责调换。

总　序

习近平总书记在纪念马克思诞辰200周年大会上的重要讲话中指出："共产党人要把读马克思主义经典、悟马克思主义原理当作一种生活习惯、当作一种精神追求，用经典涵养正气、淬炼思想、升华境界、指导实践。"马克思主义经典著作集中体现了马克思主义的基本原理，是马克思主义理论的本源和基础。因此，对于每一个中国共产党人而言，马克思主义经典著作的学习和研读，既是必要的，也是必需的，因为它是"掌握群众"从而使"思想力量"转化为"物质力量"的重要途径。

马克思主义经典著作包含着经典作家所汲取的人类探索真理的丰富思想成果，体现着经典作家攀登科学理论高峰的矢志追求和艰辛历程。对马克思主义经典著作的学习是中国共产党人的看家本领，每一个党员同志都要在这上面下一番真功夫。如果一个共产党人不认真"读原著、学原文"，就无法"悟原理"，其政治站位和共产主义信仰也就必定是值得怀疑的。我们在马克思主义学院工作和学习，马克思主义理论是我们的专业，共产主义是我们的信仰，我们更要坐下来、沉下心、钻进去，原原本本地学、全面系统地学、深入思考地学、联系实际地学、逐字逐句地学。

经典之所以为经典，是因为它历经了时间和实践的双重考验，它博大精深、历久弥新，常读常新。但是，经典著作的思想奥义又往往会让很多人望而却步，因为它的语言经常是佶屈聱牙的，思想经常是晦涩难懂的，逻辑经常是复杂抽象的。同时，经典著作经常蕴含着巨大丰厚的历史感，经典作家的思想脉络总是与当时的社会实践和历史发展之间保持着一定的张力。因此，如果不深入下去，了解其写作的历史背景、解决的思想困惑和面临的实践难题，就不可能正确深入地理解它。比如，马克思、恩格斯批判黑格尔、费尔巴哈、鲍威尔、施蒂纳和西斯蒙第等，但是，我们首先得弄懂他们所批判的对象、所处的历史语境和思想观点。否则，我们闭门造车，研究了半天，很可能会后知后觉地发现，我们只是在自说自话，可能连经典作家所批判的对象的思想高度都没有达到。

习近平总书记在庆祝中国共产党成立100周年大会上的重要讲话中指出："中国共产党为什么能，中国特色社会主义为什么好，归根到底是因为马克思主义行！"深化经典著作的研究与阐释，推进经典著作的宣传与普及，我们马克思主义理论工作者责无旁贷、义不容辞。本套"马克思恩格斯经典义释丛书"，我们将先后分批对马克思恩格斯的经典著作《路德维希·费尔巴哈和德国古典哲学的终结》《共产党宣言》《哥达纲领批判》《社会主义从空想到科学的发展》等逐段进行义释和解读，将短句读长，将长句读短，将薄的书读厚，将厚的书读薄。具体而言，将薄的书读厚，是一个探根求源、学深悟透和寻根究底的过程，是一个"钻进去"的过程。而将厚的书读薄，则是一个提炼蒸馏、淬炼升华和抓住根本的过程，是一个"走出来"的过程。我们写作本套丛书的初衷是，先将书读"厚"，再将书读"薄"，在这个"一进一出""一厚一薄"的辩证过程中，深化对马克思主义理论的理解，筑牢马克思主义理论的功底，领悟马克思主义理论的魅力。在扎实彻底的理论基础之上，以更宽广的视野、更长远的眼光、更奋发的姿态，回答中国特色社会主义实践探索中提出的新问题和时代发展中面临的新课题。

奋进新征程，建功新时代。衷心希望中国共产党人继续矢志不渝地践行初心、担当使命、牢记嘱托，不负党和人民的殷切期望，赓续谱写彪炳史册的壮丽新篇章！

刘 伟

2024年5月

目　录

导　　言 …………………………………………………… 001
"第一章"义释 …………………………………………… 013
"第二章"义释 …………………………………………… 067
"第三章"义释 …………………………………………… 079
"第四章"义释 …………………………………………… 109

附　　录 …………………………………………………… 131
后　　记 …………………………………………………… 179

导　言

1848年欧洲革命后，统治德国的容克地主阶级不自觉地成了革命的遗嘱执行人。自此之后，德国的资本主义工业生产迅猛发展，随之德国工人阶级队伍也逐步成长壮大，逐渐形成了一支独立的政治力量。1864年到1870年间，普鲁士王国先后通过普丹战争、普奥战争、普法战争三次王朝战争，完成德意志统一大业。1871年1月18日，普鲁士国王威廉一世在法国凡尔赛宫加冕为德意志皇帝，普鲁士首相俾斯麦被任命为帝国宰相。在德国的统一进程中，虽然德国的经济力量和政治状况都得到了发展，但比起英法两国，德国还面临着推进资产阶级民主革命，以适应资本主义经济进一步发展的要求。但是，德国资产阶级非常害怕工人运动的发展，因而倾向于同封建势力妥协，极力宣扬劳资合作思想。为了腐蚀工人意志、削弱工人力量，资产阶级民主派便在德国工人运动中散布改良主义思潮，于是在德国工人运动内部形成了两个对立的派别：一个是由拉萨尔创建的全德工人联合会，也称拉萨尔派；另一个是直接受马克思和恩格斯影响的威廉·李卜克内西和奥·倍倍尔在爱森纳赫城创建的德国社会民主工党，也称爱森纳赫派。

　　作为对立的两派，拉萨尔派和爱森纳赫派的观点与主张完全不同。以拉萨尔为代表的全德工人联合会，于1863年5月23日由11个城市的工人代表在莱比锡建立，拉萨尔本人当选为第一任主席。作为德国工人运动中机会主义的代表人物，拉萨尔曾写了一些小册子来宣扬右倾机会主义的理论。他幻想通过争得普选权和依靠容克地主阶级的国家帮助来实现社会主义；反对暴力革命，把无产阶级及其政党的斗争仅限于议会活动和其他合法活动的范围内；赞同和支持在普鲁士的领导下通过王朝战争实现德国统一；等等。这些机会主义观点都被写入了联合会的章程中，作为这个组织的指导思想。1864年8月，拉萨尔在一次决斗中去世，他的继承者伯·贝克尔、约·施韦泽和威廉·哈森克莱维尔等人先后领导全德工人联合会，其纲领主张虽然有所进步，但仍然没有摆脱拉萨尔主义的束缚。不可否认的是，拉萨尔在促使德国工人"不当资产阶级进步党的尾巴"、帮助德国工人建立自己独立的政党方面是功不可没的。然而，他对专制制度抱有幻想，引领德国工人运动陷入改良主义迷途则是严重错误的。事实上，拉萨尔的机会主义路线严重阻碍了全德工人联合会的发展。

爱森纳赫派原是全德工人联合会中的左派，因反对拉萨尔推行的机会主义路线，于1867年退出了全德工人联合会。1869年8月，在李卜克内西和倍倍尔的领导下于爱森纳赫城召开大会成立了德国工人阶级政党——德国社会民主工党，并制定了社会民主工党的纲领。该派在马克思和恩格斯的直接指导下，基本上执行革命路线，拥护第一国际的基本原则，主张通过自下而上的革命推翻贵族和容克地主阶级的反动统治，以民主革命的方式实现德国统一。在普法战争和巴黎公社期间，该派坚持无产阶级国际主义，并在国内积极为争取无产阶级的政治经济利益而斗争，有力地推动了工人运动的发展，在工人群众中的影响不断扩大。

但历史的发展有不依人的意志为转移的一面，由于俾斯麦联合自由派，德国的统一以自上而下的方式完成，但这也在客观上促进了资本主义的迅速发展和德国工人运动的不断高涨。面对工人运动的强大压力，俾斯麦一方面通过建立劳动法规和社会保险制度进行安抚，另一方面则采用非常手段进行强烈镇压。正是在这种新形势下，为了建立统一的工人阶级政党以共同对敌，爱森纳赫派曾两次建议两派合并，但都遭到了拉萨尔派的拒绝。后来，随着拉萨尔派广大成员的逐渐流失和对机会主义路线的不满，拉萨尔派在政治上和组织上面临着全面瓦解的严重危机。这时，拉萨尔派的领导者不得不主动要求同爱森纳赫派合并。

两派合并的时机，对爱森纳赫派显然是有利的，因为这时的拉萨尔派已经濒临瓦解，处于劣势。李卜克内西等人完全可以坚持爱森纳赫派的纲领原则，在起草合并后党的纲领草案时彻底抛弃拉萨尔的机会主义主张，以便借合并之机将全党的认识统一到无产阶级革命的正确轨道上来。可事实上，爱森纳赫派领导者为了急于达成统一而置纲领原则于不顾，背着马克思和恩格斯向机会主义者作了无原则的妥协。1875年2月14—15日，德国社会民主工党和全德工人联合会在哥达召开合并预备会议，并由两派领导人李卜克内西和哈尔曼等人共同起草了充斥着机会主义的作为两党统一后的纲领草案——《德国工人党纲领（草案）》，准备提交给随后的正式合并大会讨论通过，并于同年3月7日公开发表在两党各自的机关刊物上。

马克思和恩格斯看到纲领草案后非常气愤，恩格斯立即给爱森纳赫派的领导人倍倍尔写信，对纲领草案进行了严厉批判，希望他们能够修正纲领草案中的错误。但是，李卜克内西等人对马克思和恩格斯的批评采取了敷衍的态度。这迫使马克思不得不抱病于4月底至5月初奋笔疾书地写出了《德国工人党纲领批注》，并随信寄给了爱森纳赫派的创始人和领导人威廉·白拉克，请他转交给爱森纳赫派其他领导人传阅，后人便将马克思的批注和这封信通称为《哥达纲领批判》。然而，马克思和恩格斯的这些努力没有收到预期效果。1875年5月22—27日，两派选出的代表在哥达召开合并代表大会。大会选出了党的中央领导机构，决定把党的名称改为德国社会主义工人党，对纲领草案只在个别文字上略加修改就通过了，成为党的正式纲领，这就是《德国工人党纲领》。

但出乎意料的是，《德国工人党纲领》中弥漫的机会主义观点并没有被人所发觉，其负面影响也不像马克思和恩格斯早先预计得那么大。所以合并大会后，马克思和恩格斯并没有公开发表《德国工人党纲领批注》。虽然《德国工人党纲领》充满了机会主义观点，但合并后的德国社会主义工人党在实践活动中得到了很大发展。在1877年国会选举中，就获得了近50万张选票。另外，1878年10月俾斯麦又借口威廉一世皇帝被刺事件，颁布《反对社会民主党进行普遍危害活动法》，即《反社会党人非常法》，面对这种外部高压政策，此时也不便将党内分歧公开，所以直到马克思去世都没有将《德国工人党纲领批注》公之于众。

然而，到19世纪80年代末，随着德国的经济发展和政治状况的改善，特别是1890年9月30日《反社会党人非常法》到期失效后，德国党内的机会主义再次抬头。1890年10月12—18日，德国社会主义工人党在哈雷召开了党的代表大会，改党名为德国社会民主党，并决定起草一个新的纲领来代替旧的纲领，交给下届爱尔福特代表大会讨论通过。

恩格斯为了使即将在爱尔福特召开的代表大会通过的新党纲不再受机会主义的影响，彻底肃清拉萨尔主义的余毒，帮助德国社会民主党制定正确的纲领，不顾党内某些领导人的反对，顶住压力毅然将马克思的《哥达纲领批判》重见天日。1891年1月，恩格斯将这一著作发表在1890—1891年《新时代》杂志第9年卷第1册第18期，并写了序言以阐明发表的目的和意义。恩格斯在公开发表《哥达纲领批判》时，考虑了《新时代》杂志的出版者约翰·亨利希·威廉·狄茨先生和编辑卡·考茨基的要求，删去了一些针对个别人的尖锐词句和评语。

《哥达纲领批判》对拉萨尔的机会主义进行了严厉的批判，不仅批判了拉萨尔的"不折不扣的劳动所得""铁的工资规律"和"自由国家""对工人阶级来说其他阶级都是反动的一帮""依靠国家帮助建立生产合作社"等,更是明确指出了《德国工人党纲领》的主要过失是把党"从阶级运动的立场完全退到宗派运动的立场"。

1891年1月《哥达纲领批判》首次公开发表后,在一定时期内引起了巨大反响。但随着恩格斯的逝世,德国社会民主党内的机会主义思潮逐渐占据统治地位,《哥达纲领批判》随之遭受冷落也就不足为奇了。只有以列宁为首的布尔什维克派才会重拾《哥达纲领批判》中的革命精神,特别是充分发掘其中饱含的天才思想,将其重要观点融入了《国家与革命》,把马克思的"资产阶级权利"这一概念发展到了"资产阶级国家"。1933年,苏联出版的"马列主义丛书",不仅全文收录了马克思的《哥达纲领批判》及相关信件,同时还收录了列宁在写作《国家与革命》时所做的部分摘录,选入时的题目即为《列宁论〈哥达纲领批判〉》。《哥达纲领批判》在中国也是流传较广的马列主义著作,1970年毛泽东在党的九届二中全会上要求党的高级干部学习6本马列主义著作,其中就包括《哥达纲领批判》和《国家与革命》,为此周恩来还亲自领导重新译校了这6本书。

关于《哥达纲领批判》在中国的旅程,就不得不提马克思在其中提出的著名概念"资产阶级权利"。

对于"资产阶级权利"这个概念,德语是bürgerliche Recht,中文该如何对此进行翻译非常具有故事性。1922年,熊得山作为《哥达纲领批判》的第一个中译者,使用的是"有产阶级的权利"。李达在1923年的全译本中把熊得山译文中的"有产阶级"改为"资产阶级",使用了"资产阶级的权利"这种更忠实于原文的用法。何思敬和徐冰在1939

年延安解放出版社的译本用的也是"资产阶级的权利"。1949年，何思敬、邢西萍重新校对后的译本把"资产阶级的权利"改成了"资产者的权利"。

但这个概念最让人耳熟能详的不是"资产阶级权利"，而是"资产阶级法权"。最早使用中文"资产阶级法权"一词的不是《哥达纲领批判》的翻译者，而是列宁《国家与革命》的翻译者陈昌浩。陈昌浩在翻译列宁的《国家与革命》时，对于由德语Recht转译的俄语право一词在这一特定语境下是表示"法"还是表示"权利"吃不准，因而就创造了"法权"这一概念。其实早在1949年版的《哥达纲领批判》中，陈昌浩与何思敬就Recht的译法各执一端。后来为了统一这一概念的中文名称，从1964年起，中央编译局（陈昌浩时任中央编译局副局长）也把《哥达纲领批判》中的recht译作"法权"。"文革"中还在全社会掀起了一场研究"资产阶级法权"的热潮。直到1975年的成仿吾校的译本才又把它改译为"资产阶级的权利"。为此，中央编译局在1977年12月12日的《人民日报》上特意发表了关于《"资产阶级法权"应译为"资产阶级权利"》的更正文章，从此以后所有的马列主义著作便统一翻译为"资产阶级权利"。

究其原因，是因为德语中的Recht和俄语中的право既可以翻译为"法"也可以翻译为"权利"。这一法律用语来源于罗马法中的拉丁语词Ius，在中古时代以来形成的各罗曼语言和日耳曼语言之中，分别被译为意大利文的Diritto、法文的Droit、德文的Recht等。近代以来，脱胎于罗马法的欧洲法律概念体系发生了巨变，而这个巨变之所以产生，就在于权利概念的出现。自从有了从主观意志方面得到理解的权利概念，Ius就被解释为兼具客观Ius和主观Ius双重含义。与欧陆的Diritto、Droit

及Recht等词均具有双重含义，且此双重含义常常需要通过加定语方能准确地表示其中之一不同，英语世界为此双重含义各赋予了一个词语加以表示，这就是英语中常见的Law和Right的明确区分，因此在英文版的马克思恩格斯著作中，"bürgerliche Recht"一般被翻译成"bourgeois right"。

对于bürgerliche Recht这个概念，除了将Recht翻译为"法"还是"权利"存在争议外，同时还有将其翻译为"资产阶级权利"还是"市民权利"的争议。众所周知，黑格尔和马克思笔下的bürgerliche Gesell-schaft就有"资产阶级社会"和"市民社会"两种译法。这主要源于bürgerliche的独特性，因此无论是英语还是汉语，也只能根据上下文采取两种不同的译法。参考魏小萍研究员的研究成果，将bürgerliche Recht翻译为"市民权利"似乎也有一定的合理之处。[①]其理由是"bürgerlich"的德文原意是公民或市民的意思，与英文的"citizen"相同，bürgerliche在德文中只是加了词尾"e"的形容词。英文的自由民、资产阶级通用词是bourgeois，作形容词解是资产阶级的，资产阶级一词是bourgeoisie。德文的相对应词是Bourgeois，加个词尾，即Bourgeoisie，就有着富裕市民的含义。以下是魏小萍对这一概念所做的列表分析（见下表）。

对照表

中 文	资产阶级的权利	市民的权利
德 文	Bourgeoisie Recht	bürgerliche Recht
俄 文	Буржуазное право	Гражданское право
英 文	Bourgeoisie right	Citizen right

---

① 魏小萍：《资产阶级权利与市民权利：同质与否？》，《马克思主义研究》2005年第5期。

以笔者之见，马克思在《哥达纲领批判》里虽然用的是bürgerliche Recht，但根据上下文可知，这一权利显然与资产阶级这一特定阶级的关系并不大，应该看作一种普遍的市民权利。问题的关键就在于该如何理解德语中的bürgerliche这个概念。在古希腊，"市民"指的是属于城邦的"公民"，因而古典古代的市民社会实际上指的是公民的政治共同体。但随着资本主义商品经济的兴起，新兴的资产阶级和他们的思想家在反对封建贵族统治时借用了古代的市民社会概念（这一概念具有公民自治的含义，社会也可理解为与国家概念相对的共同体或公社），但却以自由竞争以及与自由竞争相适应的政治经济思想替代了古典古代的市民社会的精神内核，这也是为什么马克思说对"市民社会"的理解要到政治经济学中去寻找的原因。也就是说，市民社会的"市民"一词变为"资产阶级"，意味着以捍卫共同体政治秩序为己任的公民变成了以追逐私人利益为主要生活目的市民。也就是在这个意义上，市民阶级这个概念可以等同于资产阶级，不过需要我们注意的是，这里的资产阶级（剥削阶级）并不是一个与无产阶级（被剥削阶级）相对应的概念。因而，这里的bürgerliche Recht如果要翻译为资产阶级权利，那也绝不是一个与无产阶级权利相对应的概念，或者说存在一个无产阶级权利与资产阶级权利相对应的概念。我们接下来看马克思怎么说，"这个平等的权利总还是被限制在一个资产阶级的框框里"。从这句话里可知，这里的资产阶级绝不是指那个为榨取剩余价值为目的的非生产者阶级，而是指作为生产者阶级的资产阶级。因为，马克思接着就讲"生产者的权利是同他们提供的劳动成比例的；平等就在于以同一尺度——劳动——计量"。显然这里的生产者，即便是已经摆脱了各项形式剥削的劳动者，但依然还是局限在以追逐私人利益为主要生活目的。这个市民阶级的最大特点就是把个人所得和个人劳动以一定的方式建立起联系,即把个人所得看作对个人劳动的某种回报方式,把个人劳动看作获取个人所得的必要手段。归根结底这是因为受社会生产条件的限制,造成了这时的劳动者或生产者还依然把自由看作免于劳动的自由,而不是劳动的自由。

因此,把"资产阶级权利"看作"市民权利",可以从两个层面来理解:一个是从劳动所得这个层面,即这时的劳动者还是以追逐私人利益为主要生活目的生产者,于是便要求"劳动所得应当不折不扣";另一个是从公平分配或者说从"平等的权利属于社会一切成员"这个层面,在这里,所谓社会一切成员的平等权利,实际上指的是"民事权利"。因而,除了"市民权利"这一翻译外,也有学者主张将其翻译为"民事权利"便不足为怪了。[①]

[①] 徐国栋:《Das bürgerliche Recht在中国:从"资产阶级法权"到"民事权利"》,《法律与伦理》2022年第2期。

"第一章"
义释

1. "劳动是一切财富和一切文化的源泉,而因为有益的劳动只有在社会中和通过社会才是可能的,所以劳动所得应当不折不扣和按照平等的权利属于社会一切成员。"

本段第一部分:"劳动是一切财富和一切文化的源泉。"

劳动不是一切财富的源泉。

【义释】《德国工人党纲领(草案)》(以下简称《哥达纲领草案》)提出"劳动是一切财富和一切文化的源泉",马克思对此进行反驳并批注说"劳动不是一切财富的源泉"。这一个"是"和一个"不是",不仅鲜明地反映了两种不同的财富观,更重要的是反映了两种极其对立的劳动观。一切资产阶级和小资产阶级学者,不加分析地赞扬和崇拜劳动,把劳动推上神坛,似乎具有某种超凡自然力,期待通过这种方式表达对劳动的尊重和认同,就可以获得劳动者的芳心和支持。却不知,真正站在无产阶级立场上的革命者并不会去无节制吹捧劳动,用赞美劳动的方式去诱惑或蛊惑劳动者为资本的增殖效力,反而要去认真地研究一个司空见惯的现象,即为什么劳动者越是勤奋,却陷入了越加贫困的境地。正如日本近世社会主义者幸德秋水在《社会主义神髓》中的疑惑与感叹:"不要说劳动创造衣食吧。请看劳动人民的儿女,他们生下来从八九岁起一直到衰老病死为止,一生辛辛苦苦如牛马般被驱使,勤勤恳恳如蜂蚁般忙个不休,谁也不如他们节俭和勤勉。可是,他们之中因为滞纳租税而遭受拍卖处分者,每年数以万计;而衣食常有余裕的，却不是经常劳动的人，竟是些游手好闲的懒汉！"①他还引用中国宋代诗人张俞的诗歌"遍身罗绮者，不是养蚕人"。为什么会出现养蚕人反而不能穿上罗绮这种怪诞的现象呢？一言以盖之，让幸德秋水疑惑和感叹的是，造成劳而不获的社会根源和病因到底是什么？要科学地回答这个问题，则必须回到政治经济学的深入研究中。马克思认为，1867年的《资本论》已经很好地回答了这一问题，但8年之后，《哥达纲领草案》的起草者却还在用这种似是而非的结论混淆视听、自作聪明，这不能不让马克思倍感愤怒。

很多人对马克思的劳动价值论有一种误解，想当然地以为马克思会支持和赞同"劳动是一切财富源泉"这种说法，甚至误以为马克思的劳动价值论就是为了证明劳动的价值所在。但实际上，这种时常出现在小学语文识字课本的论断经不起任何推敲，让人大跌眼镜的是，正是马克思而不是别人证明了劳动本身没有价值，有价值的只是劳动力。首先我们需要弄清楚一点的是，政治经济学上讲的价值（即表现为交换价值的价值，或者说表示某物交换能力的一种实体）不同于哲学意义上的价值（即某一事物作为客体对于主体活动的积极意义，一般指客体能够满足主体需要的某种属性）。在马克思看来，"价值是凝结在商品中的无差别的人类劳动"。这句话暗含着，劳动价值论是有历史前提的，它的前提是处在商品生产条件下的人类抽象劳动，或者说人类的抽象劳动需要凝结在商品上。而那些不从事商品生产的劳动，便与价值的创造无关了，比如大多属于私人劳动性质的家务劳动等。在整个人类的历史长河中，能够创造价值的劳动或者说作为价值唯一源泉的劳动是一个非常短

---

① ［日］幸德秋水：《社会主义神髓》，商务印书馆1963年版，第5页。

的历史时期，在大多数情况下，劳动都是一件与价值创造无关的对象化活动，也就是说劳动并不需要表现为价值的源泉（没有商品交换，价值本身就是不存在的）。《哥达纲领草案》的错误在于，抽去了劳动和价值之间关系的历史条件，把劳动和财富之间的一般关系等同于劳动和价值之间的特殊关系。马克思在《资本论》中的逻辑是，在现代社会，财富表现为大量商品的堆积，而商品具有二重性，即价值和使用价值。如果不是现代社会，在以往的社会形态（以后的社会形态也是如此），财富并不表现为大量的商品堆积（但可能会是大量的产品堆积）。具有价值和使用价值的二重性仅仅是商品所特有的，并不是财富所特有的，一般而言，我们所谓的财富在正常语境下指物的（这种物可以是商品，也可以是产品，甚至可能是自然物，如空气和水等）使用价值。

那么到了现代社会，我们俗称为财富的东西大多指的便是商品的使用价值。而创造价值的劳动，或者说作为价值唯一源泉的劳动指的是无差别的人类劳动。而那些有差别的人类劳动，也就是一个个具体劳动或者说有用劳动（也就是能够改变物的形态的特殊劳动），可能是形成商品使用价值的重要因素，但却与价值的形成和创造无关。经常有人会问，某某个人或某某群体的劳动是否创造价值，比如说快递小哥的递送劳动或者说管理人员、科技人员的某些特殊劳动是否创造价值，显然这里指的都是他们的具体劳动。可以肯定地说，这些具体劳动也许是社会运转所不可或缺的，从哲学的意义上讲，对社会都是有益的或者说有极大价值的，但不幸的是，在政治经济学的意义上，这些具体劳动都与价值的形成和创造无关。当然也不是一点关系都没有，具体劳动虽然不创造新价值，但却能够转移旧价值，而创造新价值和转移旧价值是同一个劳动的两个作用。即是说，每一份劳动，当它作为无差别的抽象劳动时它创造新价值,而当它作为有差别的具体劳动时则转移旧价值。转移旧价值和创造新价值在时空中是同一的,仅仅在概念上才能把它区分开来,如果把转移旧价值和创造新价值在概念上混淆,就会犯西尔尼的最后一小时的错误(西尔尼把工人的劳动时间分为三部分,第一部分转移旧价值,第二部分作为新创造的价值形成工资,第三部分也是新创造的价值形成利润,如果缩短工作日,则会使资本无利可图)。

由此我们可知,坚持劳动价值论,并不意味着要对劳动进行肯定、褒扬,或者说是对劳动充满尊重和崇尚。恰恰相反的是,劳动价值论只不过是为了指明劳动受奴役受剥削的历史条件,而那些凡是能够创造价值的劳动在某种程度上都可归为"异化劳动",换言之,劳动创造价值不过是劳动在受奴役的另一种表述。共产主义者追求的是劳动的解放(准确的说法应该是工人阶级的解放),而劳动获得解放的条件就是劳动不再创造价值,或者说劳动不再表现为价值。关于这一点,马克思在后面进行了详细表述,即在未来社会中,"在一个集体的、以生产资料公有为基础的社会中,生产者不交换自己的产品;用在产品上的劳动,在这里也不表现为这些产品的价值,不表现为这些产品所具有的某种物的属性,因为这时,同资本主义社会相反,个人的劳动不再经过迂回曲折的道路,而是直接作为总劳动的组成部分存在着"[①]。一句话来概括就是,劳动解放的条件之一就是劳动不再从事商品生产,劳动不再是形成价值的源泉。

另外还需要强调和说明的是,劳动能够创造价值,但劳动本身却是毫无价值的,所以那些说尊重劳动价值这种话的人,除了证明自己对劳

---

① 《马克思恩格斯文集》(第3卷),人民出版社2009年版,第434页。

动价值论一无所知外，并没有别的用处（如果改成尊重劳动力的价值倒还说得过去）。因为劳动力是商品，它可能会很有价值，但劳动本身不是商品，它无法交换和买卖，而只是对劳动力的使用和消费。正是在对劳动力的使用和消费过程中，劳动创造了新价值，当然我们要注意的是，并不是所有对劳动力的使用和消费行为都能够创造新价值。在这里我们要分辨一下生产性劳动和非生产性劳动。如前所述，由于抽象劳动形成新价值，具体劳动转移旧价值，因此物质资料的生产过程，通俗地讲就是商品的加工过程，都是价值形成过程与劳动过程的一体两面。但并不是所有的生产过程都内含有价值形成过程和劳动过程，只有在商品生产过程中，那些能够形成价值的劳动才是生产性劳动，而不能形成价值的劳动或者说与商品生产无关的劳动则是非生产性劳动。举个例子，我请木工到我家里为我打造一张桌子自用，这个木工的劳动就不创造价值（但木工的劳动力还是有价值的，我得给他付工钱），因为他的劳动产品不表现为商品（桌子是我自用而非拿到市场上去买卖）。前面讲的是在简单商品生产条件下，而在资本主义商品生产的条件下，生产性劳动的条件更为苛刻，即只有那些能够为资本创造剩余价值或者说为资本带来利润的劳动才是生产性劳动。也可以说，只有与资本相交换的劳动才是生产性劳动，而与收入相交换的劳动则是非生产性劳动，虽然都是拿钱请人劳动，但作为资本，这笔钱是预付，而作为收入，这笔钱是消费（举个例子，我请两个木工，一个是到我的家具厂劳动，另一个是到我家里劳动，前者的劳动就是生产性劳动，后者的劳动则是非生产性劳动，虽然两个木工的劳动看起来是一样的，但性质则完全不同）。从某种意义上说，雇佣劳动是一种比资本主义历史更早的社会现象，但是，以往的雇佣劳动，都是用收入与劳动相交换，这种收入可能是地租等剥削收入，但也可能是劳动收入，但是这样的雇佣行为只是增加了劳动力购买者的享乐程度，因此仅仅是一个消费行为（钱花掉就没了）。只有在资本主义生产条件下，对劳动力的购买才是一个生产行为（钱是用来生钱的），即这笔费用只是预付了出去，总归要通过对劳动力的使用而实现价值增殖，也就是赢利，这种劳动力的购买费用也就是资本的可变部分。

当然为了集中"火力"，马克思的批注虽然没有直接否认"劳动是一切文化的源泉"这种说法，但根据上下文的语境，马克思也很难承认这个观点是正确的。因为显然，这里的文化无非指的是精神财富，也就是文化产品。《哥达纲领草案》真正想要表达的是"劳动是一切物质财富和一切精神财富的源泉"。那么我们接下来分析一下，在精神财富的生产中，劳动又扮演着怎样的角色呢？精神财富的生产是一个比物质财富的生产远为复杂的问题，我们这里只涉及与劳动有关的部分内容。世人有一个错觉，认为那些从事精神财富生产的人，进行的是复杂劳动，而那些从事物质财富生产的人，进行的是简单劳动。因此，从事精神财富生产的人理应获取更高的劳动报酬。我们暂且假定这一看法是正确的，来分析一下在精神财富也就是文化产品的生产中，从事复杂劳动是否就能够使劳动力价值得到提高。或者反过来说，劳动力价值越大（高工资）是否就意味着从事的就是复杂劳动即多倍的简单劳动。一句话，制造精神财富，从事复杂劳动就是多劳就多得吗？答案是否定的。简单劳动和复杂劳动之别只与价值创造有关，而与价值分配无关。能够决定劳动力价值高低的，即活劳动所创造的价值中有酬和无酬部分之间的比例关系，除了生产和再生产这种劳动力所需的一般费用外，就是阶级力量的对比关系，而这个力量对比关系又是由某些历史和社会的因素所左右的。

与精神财富生产相关的另一个问题是脑力劳动,或者说精神劳动问题。劳动价值论的劳动指的都是体力耗费,那些单纯耗费脑力的劳动也就是所谓的精神劳动(科学研究、文艺创作等)不包括其中。劳动,实际上是指人类的一种对象化活动,而所谓的脑力劳动或者说精神劳动,并不是一种对象化活动。对于那些从事精神劳动的艺术家和学者等,从主体上看,就不是劳动者(无论是社会还是他们自己都不会认为有劳动者的身份认同),从客体的角度看,并没有对客观世界有所改造(当然,某种意义上这些劳动可以说改造了人类的主观世界)。任何现实的劳动,说白了就是劳动者运用劳动资料以改造劳动对象,或者说任何现实的劳动都是对象化劳动,即"劳动的现实化就是劳动的对象化"。劳动只有对象化才能现实化,也就是说才能从可能性转变为现实性,即劳动者通过劳动工具使劳动对象得到改造,那些不能够对象化的劳动比如精神劳动不是政治经济学意义上的劳动,因而说"劳动是一切文化的源泉"就不具有科学论断的意义。

作为一个工人阶级政党的纲领,本应该指出这一点,为工人阶级指明斗争的方向,但却在里面有意无意地和稀泥,炮制和贩卖什么"劳动是一切财富和一切文化的源泉""有益的劳动只有在社会里和通过社会才是可能的"等观点。

> 自然界同劳动一样也是使用价值(而物质财富就是由使用价值构成的!)的源泉,劳动本身不过是一种自然力即人的劳动力的表现。上面那句话在一切儿童识字课本里都可以找到,并且在劳动具备相应的对象和资料的前提下是正确的。可是,

一个社会主义的纲领不应当容许这种资产阶级的说法回避那些唯一使这种说法具有意义的条件。只有一个人一开始就以所有者的身份来对待自然界这个一切劳动资料和劳动对象的第一源泉，把自然界当做属于他的东西来处置，他的劳动才成为使用价值的源泉，因而也成为财富的源泉。

【义释】让我们暂且撇开"劳动"和"文化源泉"的问题，回归到政治经济学意义上的"劳动"和"财富源泉"的问题上来。从根本上讲，《哥达纲领草案》的主要过失是混淆了价值形成与财富生产的区别，在这里所谓的"财富"是与物的"使用价值"相同的意思。由劳动的二重性可知，具体劳动形成商品的使用价值（这个具体劳动需要与生产资料相结合才能做到这一点），抽象劳动形成商品的价值（抽象劳动即人类无差别的体力耗费）。具体劳动在形成商品的使用价值时，也就意味着具体劳动不是创造和形成使用价值的唯一源泉，因为人的劳动（具体劳动）必须与物质资料（如土地、机器、种子、原材料等非劳动生产要素）相结合才能创造出财富，也就是形成新的使用价值，通俗地讲就是使物有了新的用处。换句话说，创造和形成新的使用价值有两个源泉，即自然物质和人的劳动（具体劳动）。正如马克思在《资本论》中引用古典政治经济学的创始人威廉·配第的话所言："劳动是财富之父，土地是财富之母。"在《自然辩证法》中，恩格斯也指出："政治经济学家说：劳动是一切财富的源泉。其实，劳动和自然界在一起才是一切财富的源泉，自然界为劳动提供材料，劳动把材料转变为财富。"[①]

[①] 《马克思恩格斯选集》（第3卷），人民出版社2012年版，第988页。

另外，我们需要注意的是，马克思在这里还指出了"劳动本身不过是一种自然力即人的劳动力的表现"。马克思否认"劳动是一切财富的源泉"，是因为劳动不值得尊敬和推崇吗？恰恰相反，对劳动最好的尊崇就是要像马克思那样，努力使人们注意到"劳动具备相应的对象和资料"。任何劳动，只要是在现实世界里存在的劳动，则必须具备三个要素，也就是劳动者、劳动对象和劳动资料（劳动工具），这是劳动的一般条件，也就是由劳动本身的性质所决定的，在任何社会条件下都需要的条件，而这并不是资本主义生产的特殊条件。劳动只有具备这三个要素，一个现实的劳动过程才能实现，换言之，财富才能被生产出来。那么很显然，要生产财富，则需要这三个要素以一定的方式结合在一起才有可能，正是不同的结合方式表明了不同的社会形态。而劳动对象，往往就是自然界，特别是土地和矿山等。因此，马克思说自然界往往也是财富的源泉，而劳动实际上也是一种自然力，即"人的劳动力的表现"。这么说来，劳动若要成为财富的源泉，则需要一个前提条件，即劳动者能够"把自然界当作属于他的东西来处置"。但显然，自人类进入文明时代，也就是进入阶级社会以来，劳动者和劳动对象就是分离的，而在一些特定的阶级社会，甚至劳动者与劳动资料（工具）都是分离的。在劳动者与劳动对象和劳动资料（后两者统称为生产资料）都是分离的社会里，谈什么"劳动是一切财富和一切文化的源泉"则只能是一句无意义的空话套话和假话。

> 资产者有很充分的理由硬给劳动加上一种超自然的创造力，因为正是由于劳动的自然制约性产生出如下的情况：一个除自己的劳动力以外没有任何其他财产的人，在任何社会的和

文化的状态中，都不得不为另一些已经成了劳动的物质条件的所有者的人做奴隶。他只有得到他们的允许才能劳动，因而只有得到他们的允许才能生存。

【义释】马克思不仅否定了"劳动是一切财富和一切文化的源泉"这种说法的真理性，反而还把它定性为一种资产阶级的说辞，那么这是为什么呢？这是因为，劳动只有通过对自然界的物质资料进行加工和改造才创造财富，或者说只有在劳动具备相应的劳动对象和劳动资料的前提下，这句话才是正确的，否则就是一句空谈。拉萨尔对谁占有劳动的物质条件，即生产资料归谁所有这一根本条件闭口不谈。这等于说一个人如果没有生产资料的话，也可以靠劳动生活，这种说法恰好符合并迎合了资产阶级的利益，雇佣劳动者的存在是资产阶级发家致富的前提。资产阶级会为自己辩护说，自己之所以发财完全是依靠自己的劳动，而不说是因为对生产资料的占有。而工人阶级之所以贫困，完全是因为他们自己不好好劳动所致。实际上，劳动者占有生产资料才是劳动创造财富的那个有意义的前提。在《共产党宣言》中，马克思恩格斯曾指出："现代的资产阶级私有制是建立在阶级对立上面、建立在一些人对另一些人的剥削上面的产品生产和占有的最后而又最完备的表现。从这个意义上说，共产党人可以把自己的理论概括为一句话：消灭私有制。"[①]
而《哥达纲领草案》的起草者却对生产资料占有状况避而不谈，只是泛泛地空谈劳动，这显然是在故意掩饰资产阶级对无产阶级剥削的本质，这是对《共产党宣言》中革命精神的背叛。在一个工人阶级政党的纲领

---

① 《马克思恩格斯文集》（第2卷），人民出版社2009年版，第45页。

之中，出现这样不可容忍的错误，是不可宽恕的。总之，拉萨尔派回避使"劳动是一切财富和一切文化的源泉"成立的那个有意义的条件，即劳动必须要具备相应的对象和资料的前提。这说明拉萨尔派已经在不自觉地为地主或资产阶级剥削的合法性辩护，或者说，它本身已经堕入那个阶级之中了。

幸德秋水在《社会主义神髓》中指出："他们（工人阶级，笔者加）没有任何生产资料，换言之，即没有资本，没有土地。没有资本就不能劳动。没有土地就不能生产。不劳动生产就不免于饿死。他们越是急于避免饿死，也就不得不急于寻找生产资料；越是急于寻找生产资料，也就不得不牺牲一切利益和幸福。他们就不得不拜倒在资本所有者、土地所有者面前，乞求准许他们使用资本和土地。而作为这样准许使用的代价，他们不得不把他们生产品的大部分送进资本家、地主的仓库。他们终岁或终身劳苦，所得的果实却少得可怜，仅仅可以维持他们不幸的生命。的确，现今的贫雇农就是处在这种情况下；现今的工人就是处在这种情况下；没有土地和资本、专靠工资生活的人，全都是处在这种情况下。请想一想，如能把世界上的土地和资本分配给多数人类，让他们自由地用来进行生产；如能使他们不必被榨取高额的利息，不必被剥削超额的地租，不必以低廉的工资受人雇用，让他们的劳动果实直接归他们所有并自由消费，那么，何致于像今天这样严重地分配不公和贫富悬殊呢？可是，他们有的只是劳动力，而土地和资本则全归少数阶级所掌握，如不缴纳生产品的大部分，就不被允许使用。无怪乎世界上多数人要经常辗转于饥寒交迫的境地了。……土地、资本，一切生产资料，是全体人类维持生活的必要条件，把它垄断起来，就是支配全体人类的生活而制其死命。地主、资本家究竟有什么功德、权利和必要把它垄断、独占和扩张，并以此破坏多数人的和平、进步和幸福呢？"[①]最后，幸德秋水一针见血地指出："说到这里，我相信已大致弄清现今社会的病源所在了。是什么呢？这就是多数人类的饥寒，是由于财富的分配不公。财富的分配不公，是由于生产物不归生产者所有。生产物不归生产者所有，是由于被少数地主、资本家阶级所掠夺。其所以被地主、资本家所掠夺，是由于土地、资本和一切生产资料根本掌握在地主、资本家的手里。"同时，幸德秋水还给出了办法，他指出："明白了病源所在，就不难找到治疗的办法了。我敢断言，解决现在社会问题的办法，只有把一切生产资料从地主、资本家手中剥夺过来，移交给社会人民公有。不错，'把一切生产资料从地主、资本家手中剥夺过来，移交给社会人民公有'，换言之，即消灭地主、资本家这个不劳而获的阶级，这就是'近代社会主义'又称'科学的社会主义'的根本精神。"[②]

最后，还要再强调一点，劳动不仅没有任何超自然的创造力，并且还因为劳动的自然制约性，导致了劳动者不得不受劳动的物质条件的所有者的奴役。什么叫劳动的自然制约性，通俗地讲，就是劳动者不是活在真空中，也不是仅仅靠空气和水就能生存，他作为一个自然人还需要靠生活资料才能生存。也就是说，劳动者的劳动需要生产资料，而劳动者的生存就需要生活资料。因此，劳动者不仅"只有得到他们的允许才能劳动"，而且"只有得到他们的允许才能生存"。那么，为什么要强调这一点呢？因为，拉萨尔派的阶级调和论的基础就在于，劳动阶级和剥削阶级是可以共存的，劳动阶级可以在不消灭剥削阶级的前提下就能

[①] ［日］幸德秋水：《社会主义神髓》，商务印书馆1963年版，第9—11页。
[②] ［日］幸德秋水：《社会主义神髓》，商务印书馆1963年版，第11页。

够实现自身的解放。那么劳动阶级实现自身解放的条件在哪里呢？那就是提高劳动（力）的价值。提高劳动力价值是否能使劳动者获得解放呢？比如现在流行一种人生追求叫作财务自由，大致是指人摆脱了维持生活而努力为钱工作的状态。为了实现财务自由，就只能通过拼命工作、投资自我、进修学习等各种办法以提高工资收入。那么提高工资收入，也就是提高劳动力价值，是否能使自己达到财务自由，或者说不再为钱工作，实现劳动者的解放呢？显然是不可能的。劳动力价值无论再怎么提高，也都只是价值的可变部分，或者说这部分有酬劳动无论再大再多都只是可变资本而已，而由活劳动创造的那部分无酬劳动即剩余价值是永远不会归劳动者所有的。吊诡之处是如果单纯地以提高劳动力价值为阶级斗争的目标，那么就会造成有酬劳动部分增加（即工资上涨和用工成本增加），使剩余价值率以及由此决定的利润率下降，致使资本无利可图和出现资本过剩（或资本外逃以寻找更好的投资场所），最终又造成劳动力过剩、失业加剧等。因此，如果不是把提高工资的斗争看作消灭私有制的一个环节，而是作为运动的最终目的或唯一目标，那么其结果不仅不会使劳动者获得解放，反而可能使劳动者无工可做。最终结论：既然提高工资的斗争并不能使劳动者获得解放，那么劳动者要实现自身的彻底解放就只有一条路可走，即所有的斗争都只能服从一个目标——消灭私有制。

现在不管这句话有什么毛病，我们且把它放在一边。那么结论应当怎样呢？显然应当是：

"因为劳动是一切财富的源泉，所以社会中的任何人不占有劳动产品就不能占有财富。因此，如果他自己不劳动，他就是靠别人的劳动生活，而且也是靠别人的劳动获得自己的文化。"

可是并没有这样做，反而借助于"而因为"这样的字眼硬接上第二句话，以便从第二句，而不是从第一句作出结论来。

【义释】让我们暂时苟同"劳动是一切财富和一切文化的源泉"这个说法，那么它接下来应该出现的推论是这样的："因为劳动是一切财富的源泉，所以社会中的任何人不占有劳动产品就不能占有财富。因此，如果他自己不劳动，他就是靠别人的劳动生活，而且也是靠别人的劳动获得自己的文化。"在这里，马克思要表达的无非是财富就是劳动产品，那么对财富的占有就是对劳动产品的占有，由此财富拥有者不是靠自己的劳动，便是靠别人的劳动而占有财富。那么，个人的劳动总是有限的，即便再辛勤，这种财富的占有之间的差距也不会很大。那么财富占有量的差别则只有一个原因，即是对别人的劳动的占有。因而，财富占有量的差别，即贫富分化本身就证明了剥削的存在，即一部分人可以无偿地占有另一部分人的劳动。但显然，拉萨尔派并没有这样去做推论，而是硬接了下面这句话，而这句话与上面一个论断没有任何因果关系。

本段第二部分："有益的劳动只有在社会中和通过社会才是可能的。"

按照第一句话，劳动是一切财富和一切文化的源泉，就是说，任何社会都不能离开劳动。相反，我们现在却看到，任何"有益的"劳动都不能离开社会。

那么同样可以说,只有在社会中,无益的、甚至有损公益的劳动才能成为一种行业,只有在社会中才能游手好闲过日子,如此等等,——一句话,可以抄袭卢梭的全部著作了。

而什么是"有益的"劳动呢?那只能是产生预期的有益结果的劳动。一个蒙昧人(而人在他已不再是猿以后就是蒙昧人)用石头击毙野兽、采集果实,等等,就是进行"有益的"劳动。

【义释】"有益的劳动只有在社会中和通过社会才是可能的。"这是一个与前一个论断完全无关的论断,甚或说与第一个论断的意思相反。为什么呢?第一个论断暗含着任何社会都离不开劳动,而这个论断则说明任何劳动(或者说任何有益的劳动)都离不开社会。那么到底是社会离不开劳动,还是劳动离不开社会呢?显然是社会离不开劳动,而劳动是能够离开社会的。离群索居的人,比如像鲁滨孙那样,也可以依靠自己的劳动而生存,这种劳动我们称为私人劳动。那么,有没有离不开社会的劳动呢?有的,这样的劳动我们称为社会劳动。从事商品生产的劳动,既有私人劳动的一面,又有社会劳动的一面。因而,与其说有益的劳动离不开社会,不如说生产商品的劳动离不开社会。

马克思接着讽刺地说,只有那些无益的、甚至是有损公益的劳动才离不开社会,也就是说这种劳动只有在社会中才能获取他人的劳动产品。那么,何为有益的劳动呢?用政治经济学的话来讲,就是有用劳动,也就是能够生产使用价值的劳动。而生产使用价值的劳动,是任何一个社会生存的根本,自人类诞生以来,就建立在这种有用劳动的基础上。

第三，结论："而因为有益的劳动只有在社会中和通过社会才是可能的，所以劳动所得应当不折不扣和按照平等的权利属于社会一切成员。"

多妙的结论！既然有益的劳动只有在社会中和通过社会才是可能的，劳动所得就应当属于社会，其中只有不必用来维持劳动"条件"即维持社会的那一部分，才归各个劳动者所得。

事实上，这个论点在一切时代都被当时的社会制度的先驱提出过。首先要满足政府以及依附于它的各个方面的要求，因为政府是维持社会秩序的社会机关；其次要满足各种私有者的要求，因为各种私有财产是社会的基础，如此等等。你们看，这些空洞的词句是随便怎么摆弄都可以的。

【义释】"劳动所得应当不折不扣和按照平等的权利属于社会一切成员"这个论断不应由前一个论断推断出，前一个论断推断的结果应该是为社会所有，而不是社会中的个人所有。社会所有和社会中的个人所有，是不是一个意思呢？显然不是，因为随着生产力的发展，特别是进入机器大生产时代，这种生产力只能为社会所有，它是不可能被个人所有的。而个人充其量只能在"维持劳动'条件'即维持社会的那一部分"之后，才能进行分配，这种能够分配的只能是个人消费品，而大量的社会生产力，即全社会的生产资料只能被社会所有，也就是全社会中所有个人以共有的形式来占有。

当然，马克思并不满足于得到结论说"劳动所得属于社会所有"这一空洞的、可以被随意摆弄的字眼或词句。因为，一来是因为这一结论很早就被一些思想先驱提出过，二来何为社会所必须的是说不清楚的。马克思举例说，在一些人看来，政府的存在是社会所必需的，因此政府的开支首先需要扣除。这类人无法想象国家的消亡，无法想象没有政府存在的自由人联合体，对这些人来说其最高目标也不过是"廉价政府"而已。对另一些人来说，私有财产所得是必需的，因为私有财产是社会的基础，没有私有财产制度，整个社会将无法运转。这类人同样无法想象私有制的消灭，无法想象没有私有财产制度的原始公社和未来的共产主义社会，对这类人来说最高目标也无非是"节制资本"或者说限制私有财产所得而已。

> 本段第一和第二两部分只有像下面这样说才能有些合乎情理的联系：
> "劳动只有作为社会的劳动"，或者换个说法，"只有在社会中和通过社会"，"才能成为财富和文化的源泉"。
> 这个论点无可争辩地是正确的，因为孤立的劳动（假定它的物质条件是具备的）即使能创造使用价值，也既不能创造财富，又不能创造文化。

【义释】这一部分，马克思认为，如果对纲领草案中所作的论断做一些修改的话，逻辑上还可以勉强说得过去。即劳动只有作为社会的劳动，或者说只有在社会中和通过社会，才能成为财富和文化的源泉。

在这里，我们要注意马克思给出的解释，"孤立的劳动即使能创造使用价值，也既不能创造财富，又不能创造文化"。前面所述，财富大致与物的使用价值是同一个意思。但在这里，马克思还是对此做了区别，即孤立的劳动能够创造使用价值，但是却不能创造财富。那么这是为什么呢？为什么物的使用价值和财富是两回事呢？那么它们之间的不同体现在哪里呢？物的使用价值是物本身的属性，即便是有劳动加入其中，那么它改变的仍然是物的属性。但财富不同，财富天生具有社会属性，它从一开始就体现了所有权关系（物的占有关系）。鲁滨孙拥有整座荒岛，但荒岛并不是他的财富。荒岛要成为他的财富，必须有另一个人出现，也就是星期五出现才行。他只有对星期五才能宣称，他对荒岛拥有所有权（这里只是个假设，意思是说明财富只有在一定的社会关系下才能成为财富）。

　　劳动的二重性除了抽象劳动和具体劳动外，还有社会劳动和私人劳动，或者说劳动的社会性和私人性，马克思在这里用的是孤立的劳动，实际上指的就是劳动的私人性。社会劳动和私人劳动，也是同一个劳动具有的双重属性，大致说来它的意思是指，建立在私有制基础上的商品经济，以生产资料劳动产品私有制和社会分工的存在为条件。由于生产资料归私人占有，每个生产者要生产什么、生产多少、怎样生产都由私人决定，产品也归私人所有，由此生产商品的劳动具有私人性，即私人劳动。同时，社会分工又使商品生产者相互依赖，彼此都为对方工作，他们的劳动产品不是直接用来满足自己的需要的，生产商品的劳动是整个社会劳动的组成部分，他们的劳动又具有社会性质，即社会劳动。商品生产中的劳动具有社会性和私人性在商品价值中有所体现，这就是说决定商品价值的不是生产商品的个别劳动时间，而是社会必要劳动时间。也就是说，生产商品的劳动不仅需要劳动者个人的体力耗费，同时还需要得到其他劳动者的承认。那么所谓的财富，就是指不仅能够满足财富拥有者的个人需要，同时更重要的是它的社会性，即其他人能够承认拥有者对财富的所有权，这也是为什么金银往往是财富的象征，而金银作为财富，恰恰不是因为它的使用价值。当然，劳动只有在社会中和通过社会才能成为财富和文化的源泉，并不是马克思所有讨论的重点。在这里也不深入去谈这个问题，仅仅指明一点，财富和物的使用价值，既有等同的一面，也有不同的一面。不同的地方就在于引入了"社会"这一概念。

> 但是另一个论点也是同样无可争辩的：
> "随着劳动的社会性的发展，以及由此而来的劳动之成为财富和文化的源泉，劳动者方面的贫穷和愚昧、非劳动者方面的财富和文化也发展起来。"
> 这是直到目前的全部历史的规律。因此，不应当泛泛地谈论"劳动"和"社会"，而应当在这里清楚地证明，在现今的资本主义社会中怎样最终创造了物质的和其他的条件，使工人能够并且不得不铲除这个历史祸害。
> 实际上，把这整个行文和内容都不妥当的条文放在这里，只不过是为了把拉萨尔的"不折不扣的劳动所得"作为首要口号写在党的旗帜上。以后我还要回过来谈"劳动所得"、"平等的权利"等等，因为同样的东西在下面又以稍微不同的形式重复出现。

【义释】马克思把这个论断称为直到目前全部历史的规律，即一极是非劳动者方面财富和文化的发展，一极是劳动者方面贫穷和愚昧的发展，而这两个对立的发展都随着劳动的社会性的发展而发展。那么什么是劳动的社会性的发展呢？实际上就是资本主义积累规律。在马克思看来，"工人阶级在日益增长着的财富中仍然是无产者，在日益豪华奢侈的世界中仍然是穷光蛋。物质的贫困不论在精神上或体力上都摧残着工人。工人不可能指望别人的援助。因此，在他们面前就产生了把自己的事业掌握在自己手中的绝对必要性。工人应该改变他们与资本家、土地所有者之间的现存关系。这就是说，他们应该改造社会"①。换言之，造成这一切的不过是资本主义积累规律的展现，而不应掩盖这一点，泛泛地谈"劳动"和"社会"这类语焉不详的字眼。而之所以这样泛泛地谈论"劳动"和"社会"，绝口不提资本主义积累规律，无非是想要把拉萨尔的"不折不扣的劳动所得"这个教条给引出来。

2."在现代社会，劳动资料为资本家阶级所垄断；由此造成的工人阶级的依附性是一切形式的贫困和奴役的原因。"

这段从国际章程中抄来的话，经过这番"修订"就变成错误的了。

在现代社会，劳动资料为土地所有者和资本家所垄断（地产的垄断甚至是资本垄断的基础）。无论是前一个或者后一个垄断者阶级，国际章程在有关条文中都没有指名。它谈到的是"劳动资料即生活源泉的垄断"。"生活源泉"这一补充语充分表明，劳动资料也包括土地。

作这种修订，是因为拉萨尔由于现在大家都知道的原因仅

---

① 《马克思恩格斯全集》（第17卷），人民出版社1963年版，第684页。

仅攻击资本家阶级,而不攻击土地所有者。在英国,资本家甚至多半不是他的工厂所在的那块土地的所有者。

【义释】《哥达纲领草案》中的第二条乍看起来没什么问题,它好像要对资本主义社会作出阶级分析,已经开始触及资本主义社会的基础了。但是,从当时的社会情况来看就有问题了。当时在德国掌握政权的是地主贵族阶级,以及资产阶级化的地主,即容克地主。地主将土地租给农业资本家,资本家通过剥削农业工人的剩余价值,有一部分剩余价值以地租的形式被地主阶级占有。如果工业资本家有贷款,那么银行资本家也会获得一部分剩余价值。

实际上,拉萨尔派这么写,并不是因为疏忽所致,他们仅仅想攻击资产阶级,并不想攻击当时在德国特别是普鲁士占据统治地位的地主阶级。"豺狼当道,焉问狐狸?"既然当权的是容克地主贵族阶级,但攻击的对象却是并未全面掌权的资产阶级,这么做无非是想要与当时的统治阶级进行合作。这种主张颠倒了是非,显然是极其荒谬的。实际上,马克思主导起草的《协会临时章程》的原话是:"劳动者在经济上受劳动资料即生活源泉的垄断者的支配,是一切形式的奴役即一切社会贫困、精神沉沦和政治依附的基础。"相对而言,国际章程里的这句话就全面很多。对生活源泉的垄断,既包括对劳动资料的垄断,同时也包括对劳动对象的垄断(土地既是劳动资料也是劳动对象,对农业生产而言是劳动资料,对开采矿业而言是劳动对象)。

3."劳动的解放要求把劳动资料提高为社会的公共财产,要求集体调节总劳动并公平分配劳动所得。"

> "把劳动资料提高为公共财产"！应当是说把它们"变为公共财产"。这不过是顺便提一句罢了。

【义释】把劳动资料变为社会的公共财产，也就是马克思所一贯主张的，消灭生产资料私有制。这本来是需要展开来讲的，无奈《哥达纲领草案》只是一笔带过，顺便提了一下而已。也无怪乎马克思出离愤怒了。更何况不应该仅仅是把劳动资料变为公共财产，而应该把包括劳动资料在内的生产资料一起变为社会的公共财产，也就是消灭一切形式的资本主义私有制。

> 什么是"劳动所得"呢？是劳动的产品呢，还是产品的价值？如果是后者，那么，是产品的总价值呢，或者只是劳动新加在消耗掉的生产资料的价值上的那部分价值？
> "劳动所得"是拉萨尔为了代替明确的经济学概念而提出的一个模糊观念。

【义释】劳动所得，是一个非常模糊的概念，与此相应的还有劳动报酬和劳动收入之类的词语。政治经济学的发展就是把劳动所得日益明确化了，即利润是资本所得、工资是劳动所得。农民也有劳动所得，但农民的劳动所得并不纯粹，或者说农民的劳动所得和地主的土地所得在时间上和空间上并不总能分开，因此农民需要在总收入产品上以地租的形式返还给地主。而对工人而言，其劳动所得就是工资，或者说劳动力价值。那么工资显然就不是总劳动产品，劳动产品归资本家所有，最后还需要由资本家把劳动产品投放到市场上实现价值增殖。

那么什么是劳动产品的价值呢？劳动所得显然也只能是一部分劳动产品的价值，因为劳动产品的价值除了不变资本的价值转移外，其由可变资本也就是活劳动所新增的那部分价值除了工资外，还有剩余价值。总之，劳动所得是一个非常模糊的概念，其目的无非是把一些早已弄清楚的观念给搅浑了。

> 什么是"公平的"分配呢？
> 难道资产者不是断言今天的分配是"公平的"吗？难道它事实上不是在现今的生产方式基础上唯一"公平的"分配吗？难道经济关系是由法的概念来调节，而不是相反，从经济关系中产生出法的关系吗？难道各种社会主义宗派分子关于"公平的"分配不是也有各种极不相同的观念吗？

【义释】分配是由生产决定的，分配不能脱离生产而单独存在。因而公平的分配本身就是不存在的，或者说分配无关于公平与否，应该说有什么样的生产就会有什么样的分配。在现代社会的生产方式基础上，必然产生现代社会的分配方式。在一定意义上"公平"和"正义"是一个法权概念，并不是法权关系调节经济关系，而是经济关系调节法权关系。因此，脱开生产资料的所有权关系不谈，而只是空谈"公平"分配，是极其错误的。关于"公平"，历来就是各种社会主义宗派分子所热衷的概念。总之，宣扬所谓的"公平分配劳动所得"的言论，只能沦为宗派分子所抱持的虚假概念。

> 为了弄清楚"公平的分配"一语在这里是什么意思，我们必须把第一段和本段对照一下。本段设想的是这样一个社会，

在那里"劳动资料是公共财产，总劳动是由集体调节的"，而在第一段我们则看到，"劳动所得应当不折不扣和按照平等的权利属于社会一切成员"。

"属于社会一切成员"？也属于不劳动的成员吗？那么"不折不扣的劳动所得"又在哪里呢？只属于社会中劳动的成员吗？那么社会一切成员的"平等的权利"又在哪里呢？

"社会一切成员"和"平等的权利"显然只是些空话。问题的实质在于：在这个共产主义社会中，每个劳动者都应当得到拉萨尔的"不折不扣的劳动所得"。

【义释】"劳动所得属于社会一切成员"和"劳动所得应当不折不扣"显然是矛盾的。如果劳动所得属于社会一切成员，就不能是不折不扣的；如果劳动所得是不折不扣的，就不能属于社会一切成员。也就是说，"公平的分配"在这里就是充满矛盾的，因为古往今来，就不可能有"公平的分配"。把分配看作能够进行人为调节的，这是一切资产阶级学者和小资产阶级浪漫派的幻想。分配是由生产所决定的，它不是一个独立的领域。蛋糕是怎么做出来的，就已经决定了蛋糕会怎么分配。产生"公平的分配"的幻想，无非是假定了在社会之上有一个能够实现"公平"力量的"国家"实体，这实际是国家决定市民社会的翻版。这一幻想随着时代的变迁进行升级，它的2.0版本认为，一次分配效率优先，二次分配公平优先。不能不承认的是，确实存在着转移支付的二次分配现象，但如果把这种二次分配理解为实现公平，那就仍然是假想在社会之上有一个独立的能够实现"公平的分配"的国家实体。那么国家是否能够实现"公平的分配"，也不是全无可能，关于这个问题，后面还要详细谈到。

> 如果我们把"劳动所得"这个用语首先理解为劳动的产品，那么集体的劳动所得就是社会总产品。

【义释】马克思这里把"劳动所得"这一模糊的用语明确为劳动的产品，集体的劳动所得就是社会总产品。社会总产品不能全部分配给全体劳动者，它首先要进行以下扣除。需要注意的是，这种扣除不是资本主义生产方式所特有的，适用于任何社会形态下，包括未来社会。只要一个社会要保持正常运转，都要进行以下几项的扣除。

> 现在从它里面应当扣除：
> 第一，用来补偿消耗掉的生产资料的部分。
> 第二，用来扩大生产的追加部分。
> 第三，用来应付不幸事故、自然灾害等的后备基金或保险基金。
> 从"不折不扣的劳动所得"中扣除这些部分，在经济上是必要的，至于扣除多少，应当根据现有的物资和力量来确定，部分地应当根据概率计算来确定，但是这些扣除无论如何根据公平原则是无法计算的。

【义释】这三项的扣除属于自然扣除，或者说是生产性质的扣除，简单而言，就是对生产补偿、追加和后备。小到一个家庭，中到一个企业，大到一个国家，只要他们是一个独立的生产主体，都需要进行这样的扣除，至于按照多大的比例进行扣除，都跟公平原则无关。

剩下的总产品中的另一部分是用来作为消费资料的。

在把这部分进行个人分配之前，还得从里面扣除：

第一，同生产没有直接关系的一般管理费用。

同现代社会比起来，这一部分一开始就会极为显著地缩减，并随着新社会的发展而日益减少。

第二，用来满足共同需要的部分，如学校、保健设施等。

同现代社会比起来，这一部分一开始就会显著地增加，并随着新社会的发展而日益增长。

第三，为丧失劳动能力的人等等设立的基金，总之，就是现在属于所谓官办济贫事业的部分。

【义释】这三项扣除在不同的时代具有不同的性质，也就是社会管理费用、社会公益事业和帮扶济贫事业。总之，这三项属于社会扣除，同时扣除的也是劳动总产品中的生活资料方面。

只有现在才谈得上纲领在拉萨尔的影响下狭隘地专门注意的那种"分配"，就是说，才谈得上在集体中的各个生产者之间进行分配的那部分消费资料。

"不折不扣的劳动所得"已经不知不觉地变成"有折有扣的"了，虽然从一个处于私人地位的生产者身上扣除的一切，又会直接或间接地用来为处于社会成员地位的这个生产者谋利益。

【义释】 只有在进行了以上六项扣除之后，才谈得上拉萨尔派意义上的"分配"。我们读到这个地方的时候，需要注意的是，马克思只是为了反驳"不折不扣的劳动所得"才列举了以上的六项扣除，决不能把六项扣除教条化，不能认为似乎真的存在一种社会力量，也就是有一只"看得见的手"，对社会总劳动产品进行人格化的扣除。只要在生产实体内部，都会进行前三项具有生产性质的自然扣除，比如说作为小生产者的家庭，作为社会化大生产中的企业，以及已经实现的基本生产资料国有化的国家。后三项具有分配性质的社会扣除，也就是现在人们常说的二次分配，一般都是由具体历史情形下的阶级力量对比所决定。

> 正如"不折不扣的劳动所得"一语消失了一样，现在，"劳动所得"一语本身也在消失。在一个集体的、以生产资料公有为基础的社会中，生产者不交换自己的产品；用在产品上的劳动，在这里也不表现为这些产品的价值，不表现为这些产品所具有的某种物的属性，因为这时，同资本主义社会相反，个人的劳动不再经过迂回曲折的道路，而是直接作为总劳动的组成部分存在着。于是，"劳动所得"这个由于含义模糊就是现在也不能接受的用语，便失去了任何意义。

【义释】 在经过了这六项扣除之后，"不折不扣"已经不复存在，在社会总劳动产品中还给社会全体劳动成员的只能是"有折有扣"的劳动所得。但马克思分析到这里还不够，接下来进入了《哥达纲领批判》中最重要的部分，也正是这一部分，奠定了它在整个国际共产主义运动文献中的重要地位。这部分的论述，超出了《资本论》等其他所有文献中对未来社会的构想。需要注意的是，马克思对未来社会的构想并不是基于空想，而是在对资本主义社会生产关系进行了充分研究后得出的结论，在得出这些结论时，马克思非常地小心翼翼，只在最必要的地方指出了未来社会与现代社会的不同之处。

这些不同的地方首先在哪里呢？首先还在于劳动，用马克思的话来讲，就是"劳动所得"一语本身在消失。这里需要重点阐述一下为什么"劳动所得"这一用语会消失。在人类社会，凭借付出一定量的劳动来获取一定量的劳动产品，也就是把财产权基于劳动付出之上，这是一个非常晚近的概念。在古代，或者说商品经济还未出现的年代里，劳动付出和所得所获不仅在量上没有关系，同时在质上也没有任何关系。劳动在大多数情况下表现为劳役，是奴隶或农奴的一种义务。也就是服劳役，服就服了，这是应尽的义务，不会有任何所得。奴隶或农奴的这种付出，换取的并不是经济上的回报，而是政治上的回应。因而这种劳动是不自由的，一般都以人身依附作为基础，采用的是非经济的强制手段。在现代社会，这种劳动被限制到了最小部分人群，仅仅在那些需要劳动改造的服刑人员才实行（很显然服刑人员的劳动是不会有任何收获的，但是可以争取减刑等获得各种非经济所得）。对于那些"种瓜得瓜"的劳动，也就是满足自身需要的劳动而言，也不存在劳动和所得的分离，即劳动和所得本身就是同一的（没有交换的发生，在一定意义上这种劳动不属于社会劳动），举个例子就像自己骑车从A地到B地，劳动（也就骑车这一行为）和所得（实现了从A地到B地的转移）在时空中就是同一的。在商品经济时代之前，人类大量的行为特别是衣食住行都是劳动和所得的直接同一。因为劳动和所得的直接同一，所以在这些时代，剥削现象和剥削本质也是高度同一的。剥削就是通过超经济的强制实现的,也就是说"不用科学分析"人们就知道剥削是何以实现的,不管这种剥削采用的是掠夺的形式还是压迫的形式,它的本质都是劳动者在满足自身需要之外,还要以一定形式付出一定量的无酬劳动。只有在商品经济时代,劳动和所得才建立了联系。而第一个比较明确意识到这种联系的人是洛克,因为篇幅的原因,暂不详谈他的劳动财产权思想。

那么为什么在商品经济条件下会出现劳动和所得的分离呢?原因就是生产者需要交换自己的劳动产品,而劳动需要表现为产品的价值。一个商品生产者,生产商品并不是为了自己消费和使用,也不是为了获取劳动产品的使用价值。他生产这种商品,只是为了获取这种商品所具有的交换能力,也就是能换取其他商品的能力,这种能力大小就是价值多少,那么价值多少该如何衡量呢?则要看生产该商品所投入的劳动量的大小,而这种劳动量的投入还不能是个体在生产商品时所投入的劳动量,而是能够被社会所承认的那些劳动量。因此,会出现下列三种情况,个体投入的劳动量大于、等于和小于社会承认的劳动量,结果就是多劳少得、劳获相当和少劳多得。只有存在这三种情况,才有所谓的劳动所得问题。拉萨尔派的口号是"不折不扣的劳动所得",无非就是追求上述的第二种,即劳获相当而已,他的思想局限在商品经济时代,似乎不能超出这个时代,不会提出更高的要求,即在未来社会,要追求的并不是劳获相当,而是劳获同一,也就是"劳动所得"失去了任何意义。

要理解这一点很困难,所以马克思接下来又进行了详细论述。

> 我们这里所说的是这样的共产主义社会,它不是在它自身基础上已经发展了的,恰好相反,是刚刚从资本主义社会中产

生出来的，因此它在各方面，在经济、道德和精神方面都还带着它脱胎出来的那个旧社会的痕迹。所以，每一个生产者，在作了各项扣除以后，从社会领回的，正好是他给予社会的。他给予社会的，就是他个人的劳动量。例如，社会劳动日是由全部个人劳动小时构成的；各个生产者的个人劳动时间就是社会劳动日中他所提供的部分，就是社会劳动日中他的一份。他从社会领得一张凭证，证明他提供了多少劳动（扣除他为公共基金而进行的劳动），他根据这张凭证从社会储存中领得一份耗费同等劳动量的消费资料。他以一种形式给予社会的劳动量，又以另一种形式领回来。

【义释】马克思在这里为了便于人们理解"劳动所得"这一问题，引入了一个非常重要的概念，也就是"按劳分配"，即按劳动付出量的一定比例分配劳动产品量，即"每一个生产者，在作了各项扣除以后，从社会领回的，正好是他给予社会的。他给予社会的，就是他个人的劳动量"。许多人把这一教条理解为社会主义的分配原则，首先我们知道，任何社会都不存在一定的分配原则，社会主义社会也不例外。

许多人把资本主义社会的分配原则说成是按资分配，社会主义社会的分配原则是按劳分配，共产主义社会的分配原则是按需分配。我们先来分析未来的共产主义社会，马克思的说法是，只有到了那个时候，"社会才能在自己的旗帜上写上：各尽所能，按需分配！""各尽所能，按需分配"的核心在于，未来社会在某些方面类似于古代社会，劳动和所得不再具有相关性。劳动成为第一需要，就如古人那样"只问耕耘、不问收获"，而个人所得也不再以个人为社会付出的劳动量作为凭借，仅仅以个体需要为依据。许多人误解了马克思的这句话，似乎这是马克思为未来社会确定的分配原则。首先，马克思不是预言家、布道者，热衷于为未来社会指点方向或原则。其次，未来社会有怎样的分配原则也不是能够预见的，只有一点可以确定的是未来社会也像以往社会一样，不会有独立的分配原则。最后，马克思阐明这一点还是为了批驳拉萨尔"不折不扣的劳动所得"。在谈完未来的共产主义社会之后，我们重点谈谈把资本主义社会的分配原则理解为"按资分配"，和把社会主义社会的分配原则理解为"按劳分配"有多么的离谱！资本主义社会和社会主义社会的区别仅仅在于所有制不同，而不在于分配原则或分配制度的不同。没有独立于所有制关系之外的分配关系，如果真要独立地指出资本主义社会和社会主义社会之间在分配制度或分配原则上的差别，那也绝对不是按资分配和按劳分配的差别。接下来马克思就着重进行了分析和阐述。

> 显然，这里通行的是调节商品交换（就它是等价的交换而言）的同一原则。内容和形式都改变了，因为在改变了的情况下，除了自己的劳动，谁都不能提供其他任何东西，另一方面，除了个人的消费资料，没有任何东西可以转为个人的财产。至于消费资料在各个生产者中间的分配，那么这里通行的是商品等价物的交换中通行的同一原则，即一种形式的一定量劳动同另一种形式的同量劳动相交换。

【义释】首先，要表明的是我们这里所称的社会主义社会是马克思在理论建构上的社会主义社会,而非历史上存在过的那种社会主义社会,换言之就是马克思在前面所说的"它不是在它自身基础上已经发展了的,恰好相反,是刚刚从资本主义社会中产生出来的"。这种刚脱离了资本主义社会的新社会,在社会消费品的个人分配上通行的依然是调节商品交换的同一原则,而资本主义社会的个人消费品分配原则显然也建立在商品交换的原则上。马克思在《哥达纲领批判》中所要着重强调的恰恰不是社会主义社会和资本主义社会在个人消费品分配原则上的不同之处,而是它们之间的相同之处,即这两种社会"通行的是商品等价物的交换中通行的同一原则,即一种形式的一定量劳动同另一种形式的同量劳动相交换"。那么它们之间有没有区别呢?当然是有区别的,只是区别不在个人消费资料的分配上,如果要想在个人消费资料的分配上去寻找社会主义社会和资本主义社会之间的区别,那只能是缘木求鱼。就个人消费品的分配方面,在资本主义社会和社会主义社会之间并没有一条鸿沟。或者说,资本主义社会和社会主义社会之间的鸿沟不在个人消费品的分配上,而在生产资料的分配上。资本主义积累规律决定了为了最大限度地榨取利润,需要将剩余价值最大化地转化为资本,这样无休止的积累是如何把工人的消费以及资本家自己的消费缩小到怎样的限度。资本家不同于其他的剥削阶级,他的历史使命在于实现资本积累的最大化,而不在于扩大自己的享乐范围,因而资本主义社会的个人消费品的分配,不管是工人的还是资本家自己的,都服从于剩余价值生产规律和资本主义积累规律。而这种个人消费品的分配原则,既可以看作按资分配,也可以看作按劳分配。为什么这么说呢?这是因为工人的工资,在资本看来就是按资分配,在劳动看来就是按劳分配。工人的工资,也就是劳动力价值,对于资本来说,表现为预付的可变资本。一定量的初始资本,多少用来预付不变资本(购置生产资料等),多少用来雇佣劳动者(购买劳动力),这取决于不同的生产部门、生产的技术条件以及阶级斗争的水平等因素,但不管怎样,都是资本在不变资本和可变资本之间以某种比例进行分配的,因而完全可以看作一种按资分配。但是,对于预付资本来说,其中的可变资本部分,在劳动看来就是劳动收入。也就是说,同样的一份工资,或者说劳动力价值,究竟是资本还是收入,取决于它是劳动力的购买者还是出售者。也就是说,在劳动看来,出卖劳动力以换取工资(获取劳动力价值)就是一种按劳分配。出卖的劳动力越多,换取的工资也就越多,即通常所说的多劳多得。

在社会主义条件下,跟资本主义条件下所不同的仅仅在于劳动者不需要通过出卖劳动力以领取工资(一定量的货币),然后再通过花费工资以换取生活资料,用这种曲折迂回的方式以一定量的劳动交换另一定量的劳动。而是如上所述,"他从社会领得一张凭证,证明他提供了多少劳动(扣除他为公共基金而进行的劳动),他根据这张凭证从社会储存中领得一份耗费同等劳动量的消费资料"。如果把货币工资等同于某种劳动券(这里的一张凭证)的话,这似乎没有什么不同。因而区别不在于劳动的这一方,而在于用货币或劳动券换取一定量的劳动的那一方,即劳动力的使用方是私人或国家资本还是以一定形式联合起来的自由人。也是因为这一点,马克思认为,在社会主义条件下(马克思理论建构中的社会主义,已经超越了商品经济),在个人消费品的分配方面,通行的原则和商品经济(资本主义不过是发达的商品经济)具有一致性,马克思把这种一致性归结为资产阶级权利。

> 所以，在这里平等的权利按照原则仍然是资产阶级权利，虽然原则和实践在这里已不再互相矛盾，而在商品交换中，等价物的交换只是平均来说才存在，不是存在于每个个别场合。

【义释】首先，该如何理解"平等的权利按照原则仍然是资产阶级权利"呢？在商品经济以前，个人消费品的分配不是按照平等的权利来进行的，甚至是为了实现某种公平，分配恰恰是不能平等的。比如在部落所有制的原始共同体内，从事劳动的主要是青壮年，但消费品的分配是在全体成员之间，如果按劳分配，则妇孺老幼将无法生存，整个部落也无法存续，这时就需要部落酋长按各个社会成员的具体需要对总劳动产品进行分配。在资本主义社会之前的社会形态下，也就是阶级社会产生后的整个文明时代，分配主要是对社会剩余产品（注意不是剩余价值）的分配，而这种对社会剩余产品的分配依据的则是某种等级制度（或者说是某种封赏体制）。只有在商品经济条件下，平等的权利成为这种经济制度的必要因素，如果交换不以平等的原则进行，那么交换将无法进行。虽然都按照平等权利，但是社会主义社会的产品交换（也就是劳动不表现为价值）与商品交换还是有巨大的不同之处，这种不同在于，商品交换是形式上的平等，实质上的不平等，在每一个个别场合，进行并不是绝对的等价物交换（每个商品生产者的劳动条件和劳动效率必然是不同的，也就是说私人劳动和社会劳动并不处处都是相等的），只有作为平均数，进行的才是等价物的交换。

> 虽然有这种进步，但这个平等的权利总还是被限制在一个资产阶级的框框里。生产者的权利是同他们提供的劳动成比例

的；平等就在于以同一尺度——劳动——来计量。但是，一个人在体力或智力上胜过另一个人，因此在同一时间内提供较多的劳动，或者能够劳动较长的时间；而劳动，要当做尺度来用，就必须按照它的时间或强度来确定，不然它就不成其为尺度了。这种平等的权利，对不同等的劳动来说是不平等的权利。它不承认任何阶级差别，因为每个人都像其他人一样只是劳动者；但是它默认，劳动者的不同等的个人天赋，从而不同等的工作能力，是天然特权。所以就它的内容来讲，它像一切权利一样是一种不平等的权利。权利，就它的本性来讲，只在于使用同一尺度；但是不同等的个人（而如果他们不是不同等的，他们就不成其为不同的个人）要用同一尺度去计量，就只有从同一个角度去看待他们，从一个特定的方面去对待他们，例如在现在所讲的这个场合，把他们只当做劳动者，再不把他们看做别的什么，把其他一切都撇开了。其次，一个劳动者已经结婚，另一个则没有；一个劳动者的子女较多，另一个的子女较少，如此等等。因此，在提供的劳动相同，从而由社会消费基金中分得的份额相同的条件下，某一个人事实上所得到的比另一个人多些，也就比另一个人富些，如此等等。要避免所有这些弊病，权利就不应当是平等的，而应当是不平等的。

【义释】马克思在这里详细描述了那种刚刚从资本主义社会中产生出来的，在各方面还带着它脱胎出来的那个旧社会痕迹的未来社会。这段论述是整篇《哥达纲领批判》中最重要的部分。我们需要注意的是以下几点：

049

第一，社会主义社会的产品交换（劳动者之间通过产品交换以实现个人消费品的分配，当然这种产品交换还需要以一定的凭证作为中介）所通行的原则，即平等的权利总还是被限制在一个资产阶级的框框里。这种资产阶级的框框指的是什么呢？那就是"生产者的权利是同他们提供的劳动成比例的；平等就在于以同一尺度——劳动——来计量"。也就是说，生产者获取属于自己那份的社会总劳动产品的权利，是以为社会付出一定比例的劳动作为基础。

第二，资产阶级权利，也就是平等权利是以等量劳动交换等量劳动，这种平等权利对劳动而言是平等的，但对劳动者而言则是不平等的。因为每个劳动者的劳动能力是不同等的，而且每个劳动者的需要也是不同等的。也就是说"这种平等的权利，对不同等的劳动来说是不平等的权利"。因此，要实现劳动者的平等，那么权利则不能是平等的，而应当是不平等的。但这显然是不可能实现的。权利本身就意味着它必须平等、必须普遍、必须同一，也就是说"权利，就它的本性来讲，只在于使用同一尺度"。如果使用的不是同一尺度，那么权利就不复存在了，剩下的只是各种随意。所以，权利都只是形式上平等，但实质上不平等。换言之，所谓的资产阶级权利，"就它的内容来讲，它像一切权利一样是一种不平等的权利"。

第三，并不存在一个无产阶级权利的问题。马克思这里用"资产阶级权利"这一概念并没有批判它的意思，更不是提出一种"无产阶级权利"来代替这种的"资产阶级权利"。那么无产阶级在这种"资产阶级权利"面前该如何对待呢？注意，这里说的"资产阶级权利"是在未来社会，这个未来社会已经没有资产阶级了，但依然存在"资产阶级权利"。接下来就对这一问题进行了回答。

但是这些弊病，在经过长久阵痛刚刚从资本主义社会产生出来的共产主义社会第一阶段，是不可避免的。权利决不能超出社会的经济结构以及由经济结构制约的社会的文化发展。

【义释】 在马克思看来，在共产主义社会的第一阶段，在个人消费品分配方面通行的原则，也就是劳动者按照"资产阶级权利"进行劳动产品的交换，所引起的一系列弊病是不可避免的。既然是不可避免的，那么无产阶级不应该把精力放在反对"资产阶级权利"上，因为马克思接着就讲了"权利决不能超出社会的经济结构以及由经济结构制约的社会的文化发展"。或者说，有什么样的社会经济结构就有什么样的社会文化发展，也就有什么样的权利。因此，对待"资产阶级权利"的最好办法就是无休止地改造整个社会的经济结构。只有经济结构得到了彻底改造，"资产阶级权利"自然会消失。最后，马克思还展望了"资产阶级权利"消失后的社会场景，也就是共产主义社会从第一阶段过渡到高级阶段后，个人是如何取得社会消费品的。

在共产主义社会高级阶段，在迫使个人奴隶般地服从分工的情形已经消失，从而脑力劳动和体力劳动的对立也随之消失之后；在劳动已经不仅仅是谋生的手段，而本身成了生活的第一需要之后；在随着个人的全面发展，他们的生产力也增长起来，而集体财富的一切源泉都充分涌流之后，——只有在那个时候，才能完全超出资产阶级权利的狭隘眼界，社会才能在自己的旗帜上写上：各尽所能，按需分配！

【义释】在马克思看来，在共产主义社会高级阶段，最重要的特征不是物质的极大丰富，而是"迫使个人奴隶般地服从分工的情形已经消失"。这一点尤其重要，在共产主义社会的第一阶段，也就是我们俗称的社会主义社会，恰恰是因为分工还存在，所以劳动者才需要相互交换他们的劳动产品，所以才需要保留"资产阶级权利"。而分工消失之后，也就是对社会经济结构进行彻底改造之后，劳动者不需要相互交换他们的劳动产品，资产阶级权利也就不复存在了。在各种社会分工中，马克思为什么特意提出脑力劳动和体力劳动的对立呢？我们知道，脑力劳动和体力劳动的分离意味着文明时代的到来，人类的文明时代也就是脑力劳动和体力劳动对立的时代，在这个时代，一部分人可以脱离体力劳动，而专门从事脑力劳动。无论在任何社会形态，这类脑力劳动者都是剥削阶级的一分子，当然是其中最优秀的分子，因而对这些脑力劳动者而言，劳动本就跟谋生无关，他们进行脑力劳动，就是因为这种脑力劳动是他们的第一需要。但是，因为脑力劳动和体力劳动的分离，大多数处于被剥削地位的劳动者，从事的都是体力劳动，他们也就是靠这种体力劳动来换取一份生活资料保证自己不至于饿死。因此，这样的劳动是令人厌恶的，是迫不得已的，是一种必要的终生摆脱不掉的"恶"，也就是指人们日常用语中的辛苦和操劳。而在共产主义第一阶段，脑力劳动和体力劳动的对立还未消失，意味着统治者和被统治者的对立还继续存在。在这样的情况下，整个社会不得不局限在资产阶级权利的狭隘眼界内，所有的社会成员都不得不依靠所付出的劳动量来维持和改善自己的生存和生活条件。从表面上，这似乎是平等的，但既然还有脑力劳动和体力劳动的对立，也就意味着对大多数人而言劳动并不是第一需要，而是谋生手段。所以，只有在个人奴隶般地服从分工的情形消失后，才有可能谈得上进入了高级阶级。马克思在这里是极其清醒的，他指出了一个残酷的现实，也就是在共产主义第一阶段，劳动者在一定意义上依然是奴隶，只是这个奴隶不是服从奴隶主，而是服从分工！

只有在脑力劳动和体力劳动的对立消失之后，才给了个人全面发展的可能。这是《哥达纲领批判》（1875年）比《共产党宣言》（1848年）进步的地方，这也是马克思在深入研究了政治经济学之后，意识到了个人的全面发展需要以整个社会的脑力劳动和体力劳动的对立的消失为前提。个人的全面发展，就会使社会生产力得到极大增长，这样才能够使集体财富得到充分涌流，在这个时候，个人消费品的分配就完全脱离了所谓的"劳动所得"。

> 我较为详细地一方面谈到"不折不扣的劳动所得"，另一方面谈到"平等的权利"和"公平的分配"，是为了指出这些人犯了多么大的罪，他们一方面企图把那些在某个时期曾经有一些意义，而现在已变成陈词滥调的见解作为教条重新强加于我们党，另一方面又用民主主义者和法国社会主义者所惯用的、凭空想象的关于权利等等的废话，来歪曲那些花费了很大力量才灌输给党而现在已在党内扎了根的现实主义观点。

【义释】马克思只是为了批判拉萨尔派的"不折不扣的劳动所得""平等的权利""公平的分配"等这些庸俗的见解，才引出了这么多富有天才性的对未来社会的预见。即便马克思放开了自己的想象力，他依然是极为清醒的，也就是说，他对未来社会的畅想并不是要后人按照他的设想去进行改造社会的活动，而仅仅是为了说明无论什么时候，什么条件下，都不应该用一些陈词滥调和关于权利的空话来糊弄党。接下来，马克思就说了，如果党把注意力都放在分配问题上是犯了多么不可饶恕的罪行！

> 除了上述一切之外，在所谓分配问题上大做文章并把重点放在它上面，那也是根本错误的。
>
> 消费资料的任何一种分配，都不过是生产条件本身分配的结果；而生产条件的分配，则表现生产方式本身的性质。例如，资本主义生产方式的基础是：生产的物质条件以资本和地产的形式掌握在非劳动者手中，而人民大众所有的只是生产的人身条件，即劳动力。既然生产的要素是这样分配的，那么自然就产生现在这样的消费资料的分配。如果生产的物质条件是劳动者自己的集体财产，那么同样要产生一种和现在不同的消费资料的分配。庸俗的社会主义仿效资产阶级经济学家（一部分民主派又仿效庸俗社会主义）把分配看成并解释成一种不依赖于生产方式的东西，从而把社会主义描写为主要是围绕着分配兜圈子。既然真实的关系早已弄清楚了，为什么又要开倒车呢？

【义释】马克思指出，《哥达纲领草案》在分配问题上大做文章并把重点放在它上面，是根本错误的，不可原谅的，而这才是让马克思真正愤怒的地方！

如果要谈分配，那也不能局限在消费资料的分配上，而应该把注意力放在生产条件的分配上。而生产条件的分配便表现了生产方式本身的性质。换言之，马克思要党必须时刻把注意力放在生产方式本身的性质上，其中表明生产方式性质的决定性因素就是生产资料的所有制形式。

最后，马克思又着重批评这些庸俗的社会主义论断，即"把分配看成并解释成一种不依赖于生产方式的东西，从而把社会主义描写为主要是围绕着分配兜圈子"。

> 4."劳动的解放应当是工人阶级的事情，对它说来，其他一切阶级只是反动的一帮。"
>
> 前一句是从国际章程的导言中抄来的，但是经过了"修订"。那里写道："工人阶级的解放应当是工人自己的事情"；这里却说"工人阶级"应当解放——解放什么？——"劳动"。谁能理解，就让他去理解吧。
>
> 另一方面，作为补偿，后一句引用了地道的拉萨尔的话："对它〈工人阶级〉说来，其他一切阶级只组成反动的一帮。"

【义释】在这两段中，马克思主要批判了纲领草案对国际章程的篡改，即将国际章程导言中的"工人阶级的解放应当是工人自己的事情"篡改为"劳动的解放应当是工人阶级的事情"。

在恩格斯于1875年3月写给倍倍尔的信中，他指出："对工人阶级说来，其他一切阶级只是反动的一帮。这句话只有在个别例外场合才是正确的，例如，在像巴黎公社这样的无产阶级革命时期，或者是在这样的国家，那里不仅资产阶级按照自己的形象塑造了国家和社会，而且民主派小资产阶级也跟着资产阶级彻底完成了这种变形。拿德国来说，如果民主派小资产阶级属于这反动的一帮,那么,社会民主工党怎么能够多年同他们,同人民党携手一道走呢?《人民国家报》自己的几乎全部的政治内容怎么能够取自小资产阶级民主派的《法兰克福报》呢?怎么能够在这个纲领中列入不下七项在字句上同人民党和小资产阶级民主派的纲领完全一致的要求呢?"①

> 在《共产主义宣言》中写道:"在当前同资产阶级对立的一切阶级中,只有无产阶级是真正革命的阶级。其余的阶级都随着大工业的发展而日趋没落和灭亡,无产阶级却是大工业本身的产物。"
>
> 资产阶级,作为大工业的体现者,对封建主和中间等级说来,在这里是被当做革命阶级看待的,而封建主和中间等级力求保持过时的生产方式所创造的一切社会阵地。所以他们并不是同资产阶级一起只组成反动的一帮。
>
> 另一方面,无产阶级对资产阶级说来是革命的,因为无产阶级本身是在大工业基地上成长起来的,它力求使生产摆脱资产阶级企图永远保存的资本主义性质。但是,《宣言》又补充说:"中间等级……是革命的,那是鉴于他们行将转入无产阶级的队伍。"
>
> 所以,从这个观点看来,说什么对工人阶级说来,中间等级"同资产阶级一起"并且加上封建主"只组成反动的一帮",这也是荒谬的。

---

① 《马克思恩格斯选集》(第3卷),人民出版社2012年版,第345页。

【义释】马克思认为,纲领草案将除工人阶级以外的一切阶级都视为"反动的一帮",这显然是对《共产党宣言》中阶级分析方法的背离,这种背离会在实践中造成极大的恶果。马克思从来不会形式逻辑地看待问题,而是遵循唯物史观的方法论。资本主义有其存在的历史必然性,绝不能简单地将其当作坏的东西抛弃掉。马克思、恩格斯在《共产党宣言》中用大量的篇幅对资本主义社会进行了褒扬。他指出:"资产阶级在历史上曾经起过非常革命的作用。资产阶级在它已经取得了统治的地方把一切封建的、宗法的和田园诗般的关系都破坏了。它无情地斩断了把人们束缚于天然尊长的形形色色的封建羁绊,它使人和人之间除了赤裸裸的利害关系,除了冷酷无情的'现金交易',就再也没有任何别的联系了。它把宗教虔诚、骑士热忱、小市民伤感这些情感的神圣发作,淹没在利己主义打算的冰水之中。它把人的尊严变成了交换价值,用一种没有良心的贸易自由代替了无数特许的和自力挣得的自由。总而言之,它用公开的、无耻的、直接的、露骨的剥削代替了由宗教幻想和政治幻想掩盖着的剥削。"[①]同时,在谈及当时的德国时,马克思指出,德国人"不仅苦于资本主义生产的发展,而且苦于资本主义生产的不发展"[②]。

在马克思看来,相对于封建主和中间等级而言,资产阶级作为大工业的体现者,应该被视为是革命的阶级。时过境迁,在资本主义社会,无产阶级对资产阶级说来是革命的,因为无产阶级本身是在大工业基地上成长起来的,它力求使生产摆脱资产阶级企图永远保存的资本主义性质。

[①] 《马克思恩格斯选集》(第1卷),人民出版社2012年版,第402—403页。
[②] 《马克思恩格斯文集》(第5卷),人民出版社2009年版,第9页。

在一定的历史时期，中间等级也应该是无产阶级争取的对象。"如果说他们是革命的，那是鉴于他们行将转入无产阶级的队伍，这样，他们就不是维护他们目前的利益，而是维护他们将来的利益，他们就离开自己原来的立场，而站到无产阶级的立场上来。"①大工业时代，小资产阶级，如小商贩、小律师等，往往会受到大资产阶级的排挤，因此，他们经常是朝不保夕的。因此，就他们行将转入无产阶级的队伍而言，他们既有一定的软弱性，也有一定的革命性。小资产阶级不像大资产阶级那样招雇工人，榨取工人的剩余价值，并不是因为他们有多仁慈，而是因为暂时没有这样的能力。如果一旦抓住这样的机会，小资产阶级一定会像资产阶级那样长出獠牙。就此而言，他们又是无产阶级革命的对象。

拉萨尔非黑即白式地将其他一切阶级都视为"反动的一帮"，显然是对马克思主义理论的背离。

在《中国社会各阶级的分析》中，毛泽东同志做了一个类似于马克思在《共产党宣言》第三部分的分析，他指出："谁是我们的敌人？谁是我们的朋友？这个问题是革命的首要问题。中国过去一切革命斗争成效甚少，其基本原因就是因为不能团结真正的朋友，以攻击真正的敌人。革命党是群众的向导，在革命中未有革命党领错了路而革命不失败的。我们的革命要有不领错路和一定成功的把握，不可不注意团结我们的真正的朋友，以攻击我们的真正的敌人。我们要分辨真正的敌友，不可不将中国社会各阶级的经济地位及其对于革命的态度，作一个大概的分析。"②最后，他指出："一切勾结帝国主义的军阀、官僚、买办阶

---

① 《马克思恩格斯选集》（第1卷），人民出版社2012年版，第411页。
② 《毛泽东选集》（第1卷），人民出版社1951年版，第3页。

级、大地主阶级以及附属于他们的一部分反动知识界,是我们的敌人。工业无产阶级是我们革命的领导力量。一切半无产阶级、小资产阶级,是我们最接近的朋友。那动摇不定的中产阶级,其右翼可能是我们的敌人,其左翼可能是我们的朋友——但我们要时常提防他们,不要让他们扰乱了我们的阵线。"在《论人民民主专政》一文中,毛泽东同志指出:"人民民主专政的基础是工人阶级、农民阶级和城市小资产阶级的联盟,而主要是工人和农民的联盟,因为这两个阶级占了中国人口的百分之八十到九十。推翻帝国主义和国民党反动派,主要是这两个阶级的力量。由新民主主义到社会主义,主要依靠这两个阶级的联盟。"①

> 难道在最近这次选举中有人向手工业者、小工业家等等以及农民说过:对我们说来,你们同资产者和封建主一起只组成反动的一帮吗?
>
> 拉萨尔熟知《共产主义宣言》,就像他的信徒熟知他写的福音书一样。他这样粗暴地歪曲《宣言》,不过是为了粉饰他同专制主义者和封建主义者这些敌人结成的反资产阶级联盟。
>
> 此外,在上面这一段,他的格言是勉强塞进去的,它同那句从国际章程中摘来但被歪曲了的引语毫不相干。这纯粹是一种狂妄无耻的做法,而且绝对不是俾斯麦先生所不喜欢的,这是柏林的马拉所干的廉价的蛮横行径之一。

【义释】 马克思指出,之所以拉萨尔这样粗暴地篡改《共产党宣

---

① 《毛泽东选集》(第4卷),人民出版社1991年版,第1478—1479页。

言》，只是为了掩饰他同俾斯麦的交易。

拉萨尔同普鲁士首相俾斯麦保持着秘密关系。马克思在19世纪60年代就已觉察到这一点，他在1865年2月23日给路·库格曼的信中写道："拉萨尔事实上已经背叛了党。他同俾斯麦订立了一个正式的契约。"[①]1928年发现的材料证实，拉萨尔早在1863年5月就同俾斯麦达成了协议，彼此多次密谈，书信来往。这种关系一直保持到1864年2月。1863年6月拉萨尔写信给俾斯麦表示："一旦工人等级能够有理由相信独裁对它有好处，它就会本能地感到自己倾向于独裁。这是千真万确的；因此，正如我最近对您说的那样，如果国王什么时候能够决定采取——当然这是难以置信的——步骤，实行真正革命的和民族的方针，并把自己从一个特权等级的王权变成一个社会的和革命的人民的王权，那么工人等级尽管有共和主义的信仰，或者宁可说正是由于这种信仰，就会多么倾向于把国王看作是与资产阶级社会的利己主义相对立的社会独裁的天然体现者！"[②]

"柏林的马拉"这一称谓显然是用来讽刺《新社会民主党人报》主编威·哈赛尔曼的。《新社会民主党人报》是1871—1876年在柏林每周出版三次的德文报纸，拉萨尔派的全德工人联合会的机关报。该报完全执行了拉萨尔派迎合俾斯麦制度和巴结德国统治阶级的政策，反映了拉萨尔派领导人推行的机会主义和民族主义的方针。该报站在宗派主义的立场上，一贯反对国际的马克思主义的领导，反对德国社会民主工党，支持巴枯宁派和其他反无产阶级流派的势力所进行的仇视国际总委员会

[①] 《马克思恩格斯文集》（第10卷），人民出版社2009年版，第220页。
[②] 《拉萨尔言论》，三联书店1976年版，第509页。

的活动。[①]

> 5."工人阶级为了本身的解放,首先是在现代民族国家的范围内进行活动,同时意识到,它的为一切文明国家的工人所共有的那种努力必然产生的结果,将是各民族的国际的兄弟联合。"
>
> 同《共产主义宣言》和先前的一切社会主义相反,拉萨尔从最狭隘的民族观点来理解工人运动。有人竟在这方面追随他,而且这是在国际进行活动以后!
>
> 不言而喻,为了能够进行斗争,工人阶级必须在国内作为阶级组织起来,而且它的直接的斗争舞台就是本国。所以,它的阶级斗争不就内容来说,而像《共产主义宣言》所指出的"就形式来说",是本国范围内的斗争。但是,"现代民族国家的范围",例如德意志帝国,本身又在经济上"处在世界市场的范围内",在政治上"处在国家体系的范围内"。任何一个商人都知道德国的贸易同时就是对外贸易,而俾斯麦先生的伟大恰好在于他实行一种国际的政策。

【义释】在马克思看来,《哥达纲领草案》的起草者,默认了拉萨尔用最狭隘的民族主义的观点理解国际工人运动,这是德国党在历史上的重大倒退。

就形式而言,任何一个国家的工人运动,都首先是在本国范围内进

---

① 《马克思恩格斯文集》(第3卷),人民出版社2009年版,第681页。

行的,但就性质而言,任何一个国家的工人运动又是作为世界工人运动的一部分。因为资本主义的逻辑已经席卷全球,整个世界都是在资本主义世界经济的社会分工架构之内运作的。用马克思在《共产党宣言》中的表述就是:"资产阶级,由于开拓了世界市场,使一切国家的生产和消费都成为世界性的了。""古老的民族工业被消灭了,并且每天都还在被消灭。它们被新的工业排挤掉了,新的工业的建立已经成为一切文明民族的生命攸关的问题;这些工业所加工的,已经不是本地的原料,而是来自极其遥远的地区的原料;它们的产品不仅供本国消费,而且同时供世界各地消费。"①既然资本已经成为世界性的,资产阶级是没有祖国的,那么工人运动也就成为世界性的,以往分散的斗争常常使他们遭到同样的失败,因此,各国工人阶级在反对各国统治阶级的共同斗争中要相互支持,全世界的无产者应该联合起来。

而德国工人党把自己的国际主义归结为什么呢?就是意识到它的努力所产生的结果"将是各民族的国际的兄弟联合"。这句从资产阶级的和平和自由同盟那里抄来的话,是要用来代替各国工人阶级在反对各国统治阶级及其政府的共同斗争中的国际兄弟联合的。这样,关于德国工人阶级的国际职责竟一字不提!德国工人阶级竟然应当这样去对付为反对它而已经同其他一切国家的资产者实现兄弟联合的本国资产阶级,对付俾斯麦先生的国际阴谋政策!

实际上,这个纲领的国际信念,比自由贸易派的国际信念

---

① 《马克思恩格斯选集》(第1卷),人民出版社2012年版,第404页。

还差得难以估量。自由贸易派也说，它的努力所产生的结果是"各民族的国际的兄弟联合"。但是它还做一些事使贸易成为国际性的，而决不满足于意识到一切民族只在本国从事贸易。

【义释】在马克思看来，纲领草案中将"国际无产阶级的联合"偷梁换柱为所谓的"各民族的国际的兄弟联合"。"各民族的国际的兄弟联合"这个说法，看起来似乎没什么问题，但是，民族也是划分阶级的，当时欧洲各民族，地主和资产阶级等依旧占统治地位，他们联合起来必然会形成一种更强大的反动势力，其结果必然是对世界各国工人运动的剿杀。在马克思尖锐地批判了这种说法之后，纲领起草人又将之更改为"一切人的兄弟联合"，这就更加暴露了资产阶级的人性论。拉萨尔代表哪个阶级的利益，昭然若揭。

各国工人阶级的国际活动绝对不依赖于"国际工人协会"的存在。"国际工人协会"只是为这种活动创立一个中央机关的第一个尝试；这种尝试由于它所产生的推动力而留下了不可磨灭的成绩，但是在巴黎公社失败之后，已经不能再以它的第一个历史形态继续下去了。

俾斯麦的《北德报》为了使其主子满意，宣称德国工人党在新纲领中放弃了国际主义，这倒是完全说对了。

【义释】国际工人协会简称"国际"，后通称"第一国际"，是无产阶级第一个国际性的革命联合组织，1864年9月28日在伦敦成立。马克思参与了国际工人协会的创建，是它的实际领袖，恩格斯参加了第一国际后期的领导工作。在马克思和恩格斯的指导下,国际工人协会领导了各国工人的经济斗争和政治斗争,积极支持被压迫民族的解放运动,坚决地揭露和批判了蒲鲁东主义、巴枯宁主义、拉萨尔主义、工联主义等错误思潮,促进了各国工人的国际团结。国际工人协会在1872年海牙代表大会以后实际上已停止了活动,1876年7月15日正式宣布解散。①第一国际奠定了国际无产阶级争取社会主义斗争的基础,它所产生的推动力留下了不可磨灭的成绩。但是,它已经逐渐不能适应新的形势的要求。

无产阶级曾在非常苦难的情况下坚持国际主义,而现在竟然倒退了。而且连《北德报》也已经看到了这种倒退,宣称德国工人党在新纲领中放弃了国际主义。

是否坚持无产阶级的国际主义路线,是检验一个政党是不是真正的无产阶级政党的重要标志。在《纪念白求恩》一文中,毛泽东同志指出:"列宁主义认为:资本主义国家的无产阶级要拥护殖民地半殖民地人民的解放斗争,殖民地半殖民地的无产阶级要拥护资本主义国家的无产阶级的解放斗争,世界革命才能胜利。白求恩同志是实践了这一条列宁主义路线的。我们中国共产党员也要实践这一条路线。我们要和一切资本主义国家的无产阶级联合起来,要和日本的、英国的、美国的、德国的、意大利的以及一切资本主义国家的无产阶级联合起来,才能打倒帝国主义,解放我们的民族和人民,解放世界的民族和人民。这就是我们的国际主义,这就是我们用以反对狭隘民族主义和狭隘爱国主义的国际主义。"②1968年10月,在接见阿尔巴尼亚党政代表团的谈话

---

① 《马克思恩格斯选集》(第3卷),人民出版社2012年版,第1013页。
② 《毛泽东选集》(第2卷),人民出版社1991年版,第659页。

中，毛泽东同志指出："按照列宁主义的观点，一个社会主义国家的最后胜利，不但需要本国无产阶级和广大人民群众的努力，而且有待于世界革命的胜利，有待于在整个地球上消灭人剥削人的制度，使整个人类都得到解放。因此，轻易地说我国革命的最后胜利，是错误的，是违反列宁主义的，也是不符合事实的。"[①]

---

① 毛泽东1968年10月的一次谈话，见于《红旗》1969年第5期。

"第二章"
义释

"德国工人党从这些原则出发，用一切合法手段去争取建立自由国家——和——社会主义社会：废除工资制度连同铁的工资规律——和——任何形式的剥削，消除一切社会的和政治的不平等。"

关于"自由"国家，我后面再讲。

这样，德国工人党将来就必须信奉拉萨尔的"铁的工资规律"了！为了不让它埋没掉，竟胡说什么"废除工资制度（应当说：雇佣劳动制度）连同铁的工资规律"。如果我废除了雇佣劳动，我当然也就废除了它的规律，不管这些规律是"铁的"还是海绵的。但是拉萨尔反对雇佣劳动的斗争几乎只是围绕着这个所谓的规律兜圈子。所以，为了证明拉萨尔宗派已经获得胜利，应当废除"工资制度连同铁的工资规律"，而不是不连同后者。

【义释】"铁的工资规律"是斐·拉萨尔的一个经济学观点。拉萨尔对他的"铁的工资规律"作了如下的表述："这个在现今的关系之下，在劳动的供求的支配之下，决定着工资的铁的经济规律是这样的：平均工资始终停留在一国人民为维持生存和繁殖后代按照习惯所要求的必要的生活水平上。这是这样一个中心点：实际日工资总是在它周围摆动，既不能长久地高于它，也不能长久地低于它。实际的日工资不能长期地高于这个平均数；因为，否则就会由于工人状况的改善而促使工人人口数量增加，进而导致人手供应的增加，结果又会把工资压低到原来的或者低于原来的水平。工资也不可能长期地大大低于这个必要的生活水平。因为，那时就会发生人口外流、独身生活、节制生育，以致最后由于贫困而造成工人人数减少等现象，这样，就会使工人人手的供应短缺，从而使工资重新回到它原来的较高的水平。因此，实际的平均工资处于运动之中，始终围绕着它这个中心上下摆动，时而高些，时而低些"①。拉萨尔最初是在《就莱比锡全德工人代表大会的召开给中央委员会的公开答复》（1863年苏黎世版第15—16页）中论述这个"规律"的。②

用一句话来总结拉萨尔的"铁的工资规律"就是，财富的增长速度，永远跟不上生孩子的速度。因此，工人阶级的贫困不是资产阶级造成的，而像"万有引力"一样，是一种客观的自然规律。

大家知道，在"铁的工资规律"中，除了从歌德的"永恒的、铁的、伟大的规律"中抄来的"铁的"这个词以外，没有什么东西是拉萨尔的。"铁的"这个词是正统的信徒们借以互相识别的一个标记。但是，如果我接受带有拉萨尔印记因而是拉萨尔所说的意义上的规律，我就不得不连同他的论据一起接受下来。这个论据是什么呢？正如朗格在拉萨尔死后不久所表明的，这就是（朗格自己宣扬的）马尔萨斯的人口论。但是，如果这个理论是正确的，那么，我即使把雇佣劳动废除一百次，也还废除不了这个规律，因为在这种情况下，这个规律不

---

① ［德］拉萨尔：《工人读本。1863年5月17和19日在美因河畔法兰克福所作的演说（根据速记记录）》，1863年莱比锡第5版。
② 《马克思恩格斯文集》（第3卷），人民出版社2009年版，第677页。

仅支配着雇佣劳动制度,而且支配着一切社会制度。经济学家们50多年以来正是以此为根据证明,社会主义不能消除自然本身造成的贫困,而只能使它普遍化,使它同时分布在社会的整个表面上!

【义释】"人口论"是英国资产阶级经济学家托·马尔萨斯提出来的。他在1798年出版的《人口原理:人口对社会未来进步的影响》一书中认为,人口按几何级数(1、2、4、8、16……)增加,生活资料按算术级数(1、2、3、4、5……)增加,人口的增加超过生活资料的增加是一条永恒的自然规律。他把资本主义制度下劳动人民遭受失业、贫困的原因归之于这个规律,认为只有通过战争、瘟疫和饥饿等办法使人口减少,人口与生活资料的数量才能相适应。[1]

恩格斯曾经对马尔萨斯"人口论"做过深刻的揭露和批判。他说:"马尔萨斯断言,人口总是威胁着生活资料,一当生产增加,人口也以同样比例增加,人口固有的那种其繁衍超过可支配的生活资料的倾向,是一切贫困和罪恶的原因。因此,在人太多的地方,就应当用某种方法把他们消灭掉:或者用暴力将他们杀死,或者让他们饿死。可是这样做了以后,又会出现一个空隙,这个空隙又会马上被另一次繁衍的人口填满,于是,以前的贫困又开始到来。据说在任何条件下都是如此,不仅在文明的状态下,而且在自然的状态下都是如此……简言之,要是我们愿意首尾一贯,那我们就得承认:当地球上只有一个人的时候,就已经人口过剩了。"[2]

---

[1] 《马克思恩格斯文集》(第3卷),人民出版社2009年版,第666页。
[2] 《马克思恩格斯选集》(第1卷),人民出版社2012年版,第39—40页。

在马克思看来，拉萨尔的"铁的工资规律"是马尔萨斯"人口论"的另一个版本。他们将工人阶级的贫困不是归结为"社会规律"，而是归结为一种完全不受人左右的"自然规律"，这种规律是客观存在的，是任何社会都有的，它与任何社会形态都无关，与资本主义社会的雇佣劳动无关，与资本主义制度无关。显然，拉萨尔捏造的所谓"铁的工资规律"，完全是在为资本主义剥削做无罪辩护，为资产阶级的罪行开脱，为帝国主义的侵略战争进行辩护。在这样的理论支配下，仿佛无产阶级搞任何阶级斗争都是无用的，仿佛社会主义也无法解决失业贫困问题，也并不会比资本主义制度要更好。正如马克思在这里所言："如果这个理论是正确的，那么，我即使把雇佣劳动废除一百次，也还废除不了这个规律，因为在这种情况下，这个规律不仅支配着雇佣劳动制度，而且支配着一切社会制度。"

实际上，拉萨尔的这种将"社会规律"自然化的处理，是一种典型的意识形态。

> 但是，这一切都不是主要的。完全撇开拉萨尔对这个规律的错误表述不谈，真正令人气愤的退步在于：
>
> 自从拉萨尔死后，在我们党内，这样一种科学见解已经给自己开辟了道路，就是工资不是它表面上呈现的那种东西，不是劳动的价值或价格，而只是劳动力的价值或价格的隐蔽形式。这样，过去关于工资的全部资产阶级见解以及对这种见解的全部批评都被彻底推翻了，并且弄清了：雇佣工人只有为资本家（因而也为同资本家一起分享剩余价值的人）白白地劳动一定的时间，才被允许为维持自己的生活而劳动，就是说，才

被允许生存；整个资本主义生产体系的中心问题，就是用延长工作日，或者提高生产率，增强劳动力的紧张程度等等办法，来增加这个无偿劳动；因此，雇佣劳动制度是奴隶制度，而且劳动的社会生产力越发展，这种奴隶制度就越残酷，不管工人得到的报酬较好或是较坏。而现在，当这个见解在我们党内越来越给自己开辟出道路的时候，竟有人倒退到拉萨尔的教条那里去，虽然他们应当知道，拉萨尔并不懂得什么是工资，而是跟着资产阶级经济学家把事物的外表当做事物的本质。

【义释】 关于工资问题，《哥达纲领草案》把事物的外表当作事物的本质。工资所呈现出来的就是劳动的价值或价格，就是用一定量的货币与一定量的劳动相交换。但是，马克思通过对劳动价值论深入分析，证明了货币所交换的不是活劳动，而是劳动力。如果认为工资是货币同劳动相交换，就会陷入无休止的矛盾中。斯密的劳动价值论的问题就在于，他把生产商品所消耗的劳动和该商品所能交换的劳动混为一谈了。因此他认为后者即交换得来的劳动也是创造价值的，而我们知道所谓交换得来的劳动就是雇佣劳动。因此他得出了这个荒谬的结论："世间一切财富，原来都是用劳动购买而不是用金银购买的。"[①]之所以产生这样的谬误，是因为"斯密不了解：商品的本质就是劳动产品的一种历史上特定的社会形态，因此他把商品同商品的交换归原成了劳动同劳动的交换"[②]，这种混淆实际上就是把活劳动的消耗和物化在商品中的劳动混淆了起来。造成的结果有两方面：一方面无法解释资本（他所谓的财

---

① ［英］亚当·斯密：《国民财富的性质和原因的研究》上卷，商务印书馆1972年版，第26页。
② ［苏联］卢森贝：《政治经济学史》（三卷本）第1卷，三联书店1959年版，第291页。

富，实际上是作为资本的财富）与工人的劳动交换后，利润是从何而来的问题；另一方面在价值决定问题上又绕了个圈子，即商品的价值是由劳动决定的，而劳动的价值又是由它所能交换的商品决定的。除此之外，把商品价值的内在尺度即所消耗的劳动和商品价值的外在尺度即所交换的劳动混淆了起来[①]，又是蒲鲁东产生所谓"劳动货币"幻想的理论来源。

李嘉图明确地把消耗的劳动和购买的劳动区分开来，他批评"斯密如此精确地说明了交换价值的原始源泉，他要使自己的说法前后一贯，就应该认为一切物品价值的大小和他们的生产过程中所投下的劳动量成比例；但他自己却又树立了另一种价值标准尺度，并说各种物品价值的大小和它们所能交换的这种标准尺度的量成比例"[②]。因此，"作为古典政治经济学的完成者，李嘉图把交换价值决定于劳动时间这一规定作了最透彻的表述和发挥"[③]。李嘉图比斯密还要进步的地方在于"斯密谈及交换价值决定于所消耗的劳动时，他事实上是说价值，而谈及价值决定于所购买的劳动时，他便是说交换价值，他就是表现在所购买的劳动上的价值了。李嘉图使价值理论摆脱了斯密把所购买的劳动和所消耗的劳动混淆的状态，从而使价值与交换价值之间，也就是绝对价值与相对价值之间，有了区分的可能"[④]。因此，可以说李嘉图在实际上已把价值与交换价值区分了出来，虽然在用词上，他还没有像马克思那样把价值从它的表现形式即交换价值上明确地抽象出来，但仅仅完成了这一

---

① 《马克思恩格斯全集》（第26卷）第一册，人民出版社1972年版，第140页。
② [英]李嘉图：《政治经济学及赋税原理》，商务印书馆1972年版，第9页。
③ 《马克思恩格斯全集》（第13卷），人民出版社1962年版，第51页。
④ [苏联]卢森贝：《政治经济学史》（一卷本），三联书店1959年版，第201页。

步对政治经济学的贡献也是巨大的,并且可以说这一发现也达到了资产阶级政治经济学的最高峰,因为后来的庸俗经济学派恰恰就是在这个问题上完全倒退了回去。李嘉图的另外一个贡献就在于他正确地理解了商品的价值量不是直接地表现于劳动时间中,而是要通过其他的商品来表现,因此像"劳动货币"之类的幻想在他那是不存在的,但他还是没有把作为劳动时间所表现的商品价值和这个价值在其他商品中的表现明确地区别开来。这也不能怪作为追求真理的理论家李嘉图,而只能归因于作为资产阶级代表的李嘉图。因为"古典经济学的根本缺点之一,就是它从来没有从商品的分析,特别是商品价值的分析中,发现那种正是使用价值成为交换价值的价值形式。恰恰是古典政治经济学的最优秀的代表人物,像亚当·斯密和李嘉图,把价值形式看成是一种完全无关紧要的东西或在商品本性之外存在的东西"[①]。也就是说,他看不到价值和交换价值之间的内在联系,没有发现交换价值只是价值的表现形式,它们不是两个东西,而是一个作为内容,另一个作为形式的矛盾统一体。因此,李嘉图的劳动价值论有一个他无法克服的困难,即无法说明资本家和工人之间进行的等价交换与资本价值增殖的矛盾,而正是这个问题最终使马克思发现并建立了科学的劳动力商品理论。在劳动力商品理论的基础上,马克思发现了剩余价值理论,这样便"弄清了:雇佣工人只有为资本家(因而也为同资本家一起分享剩余价值的人)白白地劳动一定的时间,才被允许为维持自己的生活而劳动,就是说,才被允许生存"。

另外,我们还要着重分析一下马克思在这里所说的"整个资本主义

[①] 《资本论》(第1卷),人民出版社2004年版,第98页。

生产体系的中心问题，就是用延长工作日，或者提高生产率，增强劳动力的紧张程度等等办法，来增加这个无偿劳动"。无酬劳动，或者说无偿劳动的问题是整个资本主义生产体系的中心问题。何为无酬劳动，也就是劳动阶级在用自己的劳动养活自己及家人之外（因为劳动力需要再生产，剥削制度需要可持续），还需要付出一定的劳动去养活其他阶级。换言之，这里涉及了一个最容易，也最难回答的问题：工人和资本家，到底谁养活了谁？关于这个问题，我们这里暂不多说，只想提醒大家不要"把事物的外表当作事物的本质"。

> 这正像奴隶们终于发现了自己受奴役的秘密而举行起义时，其中有一个为陈旧观念所束缚的奴隶竟在起义的纲领上写道：奴隶制度必须废除，因为在奴隶制度下，奴隶的给养最多不能超过某个非常低的标准！
>
> 我们党的代表们竟如此粗暴地践踏这个在党员群众中广泛传播的见解，仅仅这一事岂不就证明了他们在草拟妥协纲领时是多么令人不能容忍地轻率，多么无耻！

【义释】马克思已经证明了不废除整个雇佣劳动制度，单纯地提出增加工资的要求，根本无助于解决工人阶级的奴隶地位。而这一点竟然完全被《哥达纲领草案》给遗忘了，所以马克思的愤怒就可想而知了。

> 本段末尾"消除一切社会的和政治的不平等"这一不明确的语句，应当改成：随着阶级差别的消灭，一切由这些差别产生的社会的和政治的不平等也自行消失。

【义释】 这里需要注意的是，马克思认为，社会的和政治的不平等是会自行消失的，它的自行消失是随着阶级差别的消灭。因此，不同于一般的社会学家和政治学家泛泛地揭露和批评社会的和政治的不平等现象，马克思主义对这些批评报以善意的同情，但还是要党把注意力放在消灭阶级上。

"第三章"
义释

"为了替社会问题的解决开辟道路,德国工人党要求在劳动人民的民主监督下,依靠国家帮助建立生产合作社。在工业和农业中,生产合作社必须广泛建立,以致能从它们里面产生总劳动的社会主义的组织。"

在拉萨尔的"铁的工资规律"之后,就是这个先知提出的救世良方!"道路"确实"开辟"得不错!现存的阶级斗争被换上了拙劣的报刊作家的空话——要"开辟道路"来"解决"的"社会问题"。"总劳动的社会主义的组织"不是从社会的革命转变过程中,而是从国家给予生产合作社的"国家帮助"中"产生"的,并且这些生产合作社是由国家而不是由工人"建立"的。这真不愧为拉萨尔的幻想:靠国家贷款能够建设一个新社会,就像能够建设一条新铁路一样!

【义释】在这一部分,马克思主要批判了拉萨尔幻想依靠"国家帮助"建立生产合作社以实现社会主义的"救世良方"。这种"救世良方"最重要的特征就是把"现存的阶级斗争"换成"要开辟道路来解决社会问题"之类的空谈。对"救世良方"的批判和嘲讽,在《共产党宣言》里就有所体现。只想澄清一个认识误区,绝不能把马克思主义看作一种"救世良方"。所谓的"救世良方",就是指不依靠"现存的阶级斗争",而是制定和实行某种方案来解决社会问题。在马克思看来,社会问题的解决只能依靠社会自身,而社会自身是由对立的阶级所构成的,也就是社会结构。正是这些对立的阶级之间的斗争,推动着社会问题的产生和解决。因此，问题的根本还不在于拉萨尔的幻想是否实际，或者说实现的可能性有多大，而在于不应该绝口不谈现存的阶级斗争，更不去依靠现存的阶级斗争，而是靠国家帮助建立合作社来为社会问题的解决开辟道路。对马克思而言，社会主义社会，如果用拉萨尔的用语就是"总劳动的社会主义的组织"，只能从社会的革命转变过程中产生，所谓社会的革命转变，也就是处在社会结构被统治地位中的革命阶级战胜统治阶级。只有在这一革命转变的过程中，才会产生所谓的"总劳动的社会主义的组织"。

究竟是依靠"国家帮助"，还是依靠暴力革命转变到社会主义，这是两条根本对立的政治路线。拉萨尔反对暴力革命，主张依靠"国家帮助"来实现社会主义，这显然是一种不折不扣的机会主义。拉萨尔所谓的"国家"在当时就是大地主、大资产阶级的普鲁士王国。这个王国的君主就是俾斯麦。拉萨尔甚至公开叫嚣：普鲁士专制君主由于其地位异己于一切阶级矛盾，高居在社会利益之上，至少能够根据自己的力量献身于共同的幸福，绝大多数人民的幸福。因此，妄图乞求这样的"国家"帮助，那简直是在与虎谋皮、自欺欺人、痴人说梦。正如马克思所言："这真不愧为拉萨尔的幻想：靠国家贷款能够建设一个新社会，就像能够建设一条新铁路一样！"

在马克思看来，在一定条件下，无产阶级可以参加议会斗争，利用议会讲坛，以此来分化敌人。但是，绝不能用议会斗争代替无产阶级革命，也不能幻想用"议会道路"的方式过渡到社会主义。没有一个反动派会乖乖地自愿交出政权，无产阶级只有通过暴力革命才能建立社会主义，暴力革命才是社会主义社会诞生的"助产婆"。换句话说，无产阶级只有彻底推翻资产阶级，彻底铲除生产资料的资本主义私有制，才能实现共产主义，才能得到政治上和经济上的彻底解放。

实际上，早在27年前的《共产党宣言》中，马克思恩格斯已经对从资本主义社会向社会主义社会的转变指明了道路，"在叙述无产阶级发展的最一般的阶段的时候，我们循序探讨了现存社会内部或多或少隐蔽着的国内战争，直到这个战争爆发为公开的革命，无产阶级用暴力推翻资产阶级而建立自己的统治"，"使无产阶级上升为统治阶级"。"无产阶级将利用自己的政治统治，一步一步地夺取资产阶级的全部资本，把一切生产工具集中在国家即组织成为统治阶级的无产阶级手里，并且尽可能快地增加生产力的总量"。"共产党人不屑于隐瞒自己的观点和意图。他们公开宣布：他们的目的只有用暴力推翻全部现存的社会制度才能达到。让统治阶级在共产主义革命面前发抖吧。无产者在这个革命中失去的只是锁链。他们获得的将是整个世界"。

> 由于还知道一点羞耻，于是就把"国家帮助"置于——"劳动人民的民主监督下"。
>
> 第一，德国的"劳动人民"大多数是农民而不是无产者。
>
> 第二，"民主的"这个词在德语里意思是"人民当权的"。什么是"劳动人民的人民当权的监督"呢？何况所说的是这样的劳动人民，他们通过向国家提出的这些要求表明，他们充分意识到自己既没有当权，也没有成熟到当权的程度！

【义释】马克思嘲讽《哥达纲领草案》还知道一点羞耻，把国家帮助置于劳动人民的民主监督下。但是，即便如此也是有很大的问题。一是劳动人民包括农民和工人，而当时德国的现实是农民组成了劳动人民的大多数。置于劳动人民的民主监督,实际上就是置于农民的民主监督,一来这根本是不可能实现的,二来即便是能够实现也不会具有任何革命意义。另外,马克思还对民主监督这一用语进行了嘲讽,这里就不做赘述了。

> 在这里深入批评毕舍在路易-菲力浦时代为了对付法国社会主义者而开列的、被《工场》派的反动工人所采用的药方,那是多余的。主要的过失不在于把这个特殊的万灵药方写入了纲领,而在于从阶级运动的立场完全退到宗派运动的立场。

【义释】马克思在这里指出了《哥达纲领草案》最主要的过失:从阶级运动的立场完全退到宗派运动的立场!从1848年开始,马克思发起和领导国际共产主义运动,其首要目的就是不遗余力地把以往的社会主义运动从宗派运动的立场推进到阶级运动的立场上来。在这里,我们有必要重点分析一下宗派运动与阶级运动的区别在哪里。《哥达纲领草案》最主要的过失不是提出的这一个个具体的主张是否可行,而是没有把党的纲领建立在阶级运动的立场上,《哥达纲领草案》的起草者不是去揭示决定资产阶级社会产生、发展、变化和消灭的是生产方式中的矛盾运动,而是只局限在分配领域里兜圈子,从而试图提出一种一劳永逸地解决社会问题的现成方案的倾向。在马克思看来,《哥达纲领草案》有这样的倾向是丝毫不奇怪的,因为它深受拉萨尔主义的影响,而拉萨尔本人就是一个十足的宗派主义者。马克思曾这样批判拉萨尔,说他"就像每一个说自己的口袋装有能为群众医治百病的万应灵丹的人一样,他一开始就使自己的鼓动带有宗教、宗派的性质。……他不是从阶级运动的实际因素中去寻找自己的鼓动的现实基础，而是想根据某种教条式的处方来规定这一运动的进程"①。

虽然资产阶级学者经常把马克思主义看作某种"有害的宗派"②，但列宁明确强调"马克思主义同'宗派主义'毫无相似之处，它绝不是离开世界文明发展大道而产生的一种故步自封、僵化不变的学说"③。从哲学上看来，宗派主义的实质就是"要求阶级运动服从特殊的宗派运动"④，就是把"特殊性"而非"普遍性"作为无产阶级政党和社会主义运动的目的。关于这一点，马克思强调了"宗派"与"特殊"的关系："宗派运动和阶级运动是对立的。宗派不是在它和阶级运动共同之处中，而是在它和阶级运动区别开来的特殊的护符中，寻求自己存在的权利和荣誉的。"⑤也就是说，阶级运动的立场与宗派运动的立场的最大区别，就在于它不给无产阶级以任何特殊的原则或特殊的目的用以塑造无产阶级运动。因此，《共产党宣言》指出共产党人"不提出任何特殊的原则，用以塑造无产阶级的运动"⑥。在《共产党宣言》1888年的英文版里，便用"宗派（sectarian）的原则"替换了"特殊的原则"，为此恩格斯这一版《序言》里还特意解释了为什么不把宣言叫作社会主义宣言："在1847年，所谓社会主义者，一方面是指各种空想主义体系的信徒，即英国的欧文派和法国的傅立叶派，这两个流派都已经降到纯粹宗派的地位，并在逐渐走向灭亡；另一方面是指形形色色的社会庸

---

① 《马克思恩格斯选集》（第4卷），人民出版社1995年版，第582页。
② 《列宁专题文集·论马克思主义》，人民出版社2009年版，第66页。
③ 《列宁专题文集·论马克思主义》，人民出版社2009年版，第66页。
④ 《马克思恩格斯文集》（第10卷），人民出版社2009年版，第294页。
⑤ 《马克思恩格斯文集》（第10卷），人民出版社2009年版，第293页。
⑥ 《马克思恩格斯选集》（第1卷），人民出版社1995年版，第285页。

医，他们凭着各种各样的补缀办法，自称要消除一切社会弊病而毫不危及资本和利润。这两种人都是站在工人阶级运动以外，宁愿向'有教养的'阶级寻求支持。"[1]由此我们可知，在当时，绝大多数空想社会主义的信徒站在阶级运动之外，组成各种各样的社会主义宗派。甚至可以说，在一定意义上，社会主义运动是旧的宗派运动代名词，而马克思所开创的共产主义运动则意味着不分民族的无产阶级解放运动，即《共产党宣言》"直到今天还是世界各国无产阶级运动的指南"[2]。那么应该如何避免像《哥达纲领草案》那样从阶级运动的立场滑入宗派运动的立场上呢？列宁曾指出："只要把任务归结为协助无产阶级组织起来，因而'知识分子'的作用就是使特殊的知识分子的领导者成为不需要的人物，那就不会有宗派主义。"[3]

我们经常讲马克思主义的诞生标志着社会主义理论与无产阶级运动结合了起来，它使社会主义在理论形态上从空想发展到科学，但经常忽略了另外一点，马克思主义的诞生也使社会主义在实践层面上从宗派运动发展到阶级运动。与宗派运动总是以某种理念原则或理想观念等可能性的东西作为自己行动的根据不同，阶级运动是在现实发展着的资本主义所创造的物质条件的基础上展开的，它不仅是普遍性规律的现实展现，是可以被普遍真理所指导的社会实践，同时也是必然性规律的实践趋向，具有改变世界的直接现实性品格。

从理论发展史上看，在马克思恩格斯创立科学社会主义之前，空想社会主义的创始者们已经对资本主义社会进行了尖锐而又深刻、勇敢而

---

[1] 《马克思恩格斯文集》（第2卷），人民出版社2009年版，第13页。
[2] 《马克思恩格斯文集》（第4卷），人民出版社2009年版，第237页。
[3] 《列宁选集》（第1卷），人民出版社1995年版，第79页。

又机智、猛烈而又准确的批判,"这种社会主义批判资本主义社会,谴责它,咒骂它,幻想消灭它,臆想较好的制度,劝富人相信剥削是不道德的"①。在这一点上,《共产党宣言》里称他们为批判的空想的社会主义和共产主义,并高度评价了他们的贡献:"这些社会主义和共产主义的著作中也含有批判的成分。这些著作抨击现存社会的全部基础。因此,它们提供了启发工人觉悟的极为宝贵的材料。"②然而问题在于,外在客观世界的发展决不会因为他们头脑中对它的批判而有丝毫的改变,因此,马克思批评这些人说:"各乌托邦宗派的创始人虽然在批判现存社会时明确地描述了社会运动的目的——消除雇佣劳动制度和这一制度下阶级统治的一切经济条件,但是他们既不能在社会本身中找到改造社会的物质条件,也不能从工人阶级身上发现运动的有组织力量和对运动的认识。"③

不同于站在阶级运动之外的空想社会主义者只是满足于批判资本主义社会是多么地不合理,无产阶级的命运是多么地悲惨,作为致力于阶级运动的共产主义者恰恰要力求发现资本主义社会的合理性所在,当然这是一种包含着内在矛盾的历史合理性。只有发现这个内生于资本主义社会中的、具有普遍性的矛盾运动,才能使社会主义成为历史的必然,因此恩格斯说,"现代社会主义,就其内容来说,首先是对现代社会中普遍存在的有财产者和无财产者之间、资本家和雇佣工人之间的阶级对立以及生产中普遍存在的无政府状态这两个方面考察的结果"④。正是

---

① 《列宁专题文集·论马克思主义》,人民出版社2009年版,第70页。
② 《马克思恩格斯文集》(第2卷),人民出版社2009年版,第63页。
③ 《马克思恩格斯选集》(第3卷),人民出版社1995年版,第108页。
④ 《马克思恩格斯文集》(第3卷),人民出版社2009年版,第523页。

在历史活动中发现了无产阶级的革命运动,所以在科学共产主义看来无产阶级就不仅仅是一个受苦受难的历史客体,而是历史主动性的体现者,不同于那些"体系的发明家看到了阶级的对立,以及占统治地位的社会本身中的瓦解因素的作用。但是,他们看不到无产阶级方面的任何历史主动性,看不到它所特有的任何政治运动"①。甚至可以说"马克思学说中的主要的一点,就是阐明了无产阶级作为社会主义社会创造者的世界历史作用"②。

马克思为了强调科学共产主义对阶级运动的依赖性,还特别指出:"共产主义对我们来说不是应当确立的状况,不是现实应当与之相适应的理想。我们所称为共产主义的是那种消灭现存状况的现实的运动。这个运动的条件是由现有的前提产生的。"③不同于宗派运动总是"以这个或那个世界改革家所发明或发现的思想原则为根据"④。站在阶级运动的立场上,科学共产主义就不再是预先设想一个完美的理想社会,以此要求现实去适应理想,而是从现有的阶级运动的客观条件、阶段力量的对比状况出发,它所依据的"不过是现存的阶级斗争、我们眼前的历史运动的真实关系的一般表述"⑤。因此,在科学共产主义看来,历史运动也不再是为了实现某种至善的理想,或者是趋向某种完美的状态,"历史同认识一样,永远不会在一种完美的理想状态中最终结束;完美的社会、完美的'国家'是只有在幻想中才能存在的东西;相反一切依次更替的历史状态都只是人类社会由低级到高级的无穷发展过程中的暂

---

① 《马克思恩格斯文集》(第2卷),人民出版社2009年版,第62页。
② 《列宁选集》(第2卷),人民出版社1995年版,第305页。
③ 《马克思恩格斯选集》(第1卷),人民出版社1995年版,第87页。
④ 《马克思恩格斯选集》(第1卷),人民出版社1995年版,第285页。
⑤ 《马克思恩格斯选集》(第1卷),人民出版社1995年版,第285页。

时阶段"①。

虽然，"阶级关系——这是一种根本的和主要的东西，没有它，也就没有马克思主义"②，但是，仅仅停留在分析阶级关系上还远远不够，对于科学共产主义来说，还必须把阶级关系放在历史运动中去考察，即要把"阶级关系"上升为"阶级运动"，"这就是说，不应当把各个阶级和各个国家看作静态的，而应当看作动态的，即不应当看作不动的状况，而应该看作处于运动之中（运动的规律是从每个阶级存在的经济条件中产生的）。而对运动，不仅要从过去的观点来看，而且要从将来的观点来看"③。只有这样，才能理解《共产党宣言》所要求的"共产党人为工人阶级的最近的目的和利益而斗争，但是他们在当前的运动中同时代表运动的未来"④，即"共产党人始终代表整个运动的利益"⑤。

诚然，科学共产主义也有着鲜明的理论批判色彩，但是不同于以往各种批判理论的是，这种批判不是首先去构造一个理想的观念，然后再用这一理想来对照现实，并以此批判现实，而是去发现和研究现实社会本身中存在着的矛盾，这种矛盾不是某种特殊的矛盾，而是那种同时还能够推动现实超越自己向前发展的普遍性矛盾，所以这种批判实际上就是辩证法。在这个问题上，列宁曾对马克思主义的批判性做了一个科学的定义，"请注意，马克思在这里说的是唯物主义的批判，他认为只有这种批判才是科学的批判，这种批判就是把政治、法律、社会和习俗等

---

① 《马克思恩格斯选集》（第4卷），人民出版社1995年版，第216页。
② 《列宁选集》（第4卷），人民出版社1995年版，第481页。
③ 《列宁专题文集·论马克思主义》，人民出版社2009年版，第33页。
④ 《马克思恩格斯文集》（第2卷），人民出版社2009年版，第65页。
⑤ 《马克思恩格斯文集》（第2卷），人民出版社2009年版，第44页。

等方面的事实拿来同经济、生产关系体系,以及在一切对抗性社会关系基础上必然形成的各个阶级的利益加以对照"①。

正是站在阶级运动的立场上,才能推动阶级运动向前发展,而这也是马克思主义产生和发展的原因所在,"没有革命的理论,就不可能有被压迫阶级的即历史上最革命的阶级的世界上最伟大的解放运动。革命理论是不能臆造出来的,它是从世界各国的革命经验和革命思想的总和中生长出来的。这种理论在19世纪后半期形成。它叫作马克思主义"②。

因此,马克思主义的任务就在于为给无产阶级锻造思想武器或革命工具,而不是为无产阶级寻找一种新的社会理想或创立一个新的信仰原则。马克思主义理论也不再是一个以往那种哲学家所创立和宣扬的理念哲学或体系哲学,而进入了方法哲学的时代。所谓理念哲学或体系哲学,它最大的特点是高谈价值、信仰、伦理、道德等这些只有在头脑中才会存在、在未来才会实现的东西。这些理念哲学的一个共同特点就是它们都用一种自己头脑中所设想的未来社会理想去批判现实社会,并在这种脱离于阶级运动的社会批判之后,往往都会提出一个根治现实社会弊病的救世良方。

在1848年欧洲革命中,当时一些空想主义者致力于发现新世界的乐土,修建社会主义礼拜堂,宣告新福音,他们不仅自己相信而且还试图让人们相信可以"用自己的头去撞碎资产阶级社会的柱石"③。马克思对他们进行了严厉批判:"无产阶级中有一部分人醉心于教条的实验,

---

① 《列宁选集》(第1卷),人民出版社1995年版,第82页。
② 《列宁专题文集·论马克思主义》,人民出版社2009年版,第298页。
③ 《马克思恩格斯选集》(第1卷),人民出版社1995年版,第384页。

醉心于成立交换银行和工人团体，换句话说，醉心于这样一种运动，即不去利用旧世界自身所具有的一切强大手段来推翻旧世界，却企图躲在社会背后，用私人的办法，在自身的有限的生存条件的范围内实现自身的解放，因此必然是要失败的。"[1]针对蒲鲁东提出由他所臆想和创造出来的"构成价值"和"交换银行"等方案而使群众得到解放的幻想和胡说，恩格斯曾用国际工人运动的实际情况批判了这种社会主义宗派的荒谬性，"在法国，蒲鲁东主义者只形成一个人数很少的宗派，而法国工人群众则根本不愿理会蒲鲁东提出冠以的'社会清算和组织经济力量'称号的社会改革计划"[2]。针对那些站在宗派运动的立场上，热衷于为工人阶级开药方的蒲鲁东主义宗派分子，恩格斯毫不留情地说："这些消除一切社会祸害的实际建议，这些社会的万应灵丹，到处都是由那些宗派鼻祖们炮制出来，而这些人总是出现在无产阶级运动还处于幼年期的时代。蒲鲁东也是其中之一。无产阶级的发展很快就把这些褴褛扔在一边，并在工人阶级本身中产生一种认识：再没有什么东西比这些预先虚构出来的面面俱到的'实际解决办法'更不切实际的了，相反，实际的社会主义则是对资本主义生产方式各个方面的一种正确的认识。"

在经过了1848年革命的教训后，1871年巴黎公社时期的法国工人阶级已经认识到了宗派运动的弊端，他们已经不再期望公社能造出什么点金石了，也没有期望公社能做出什么人类的奇迹，他们在建立自己政权时既不想在巴黎成立由傅立叶所设想的法伦斯泰尔这样的实验品，也不想建设由卡贝所期望的伊加利亚这类的幻想物，法国工人阶级从没想过

---

[1] 《马克思恩格斯选集》（第1卷），人民出版社1995年版，第592页。
[2] 《马克思恩格斯选集》（第3卷），人民出版社1995年版，第198—199页。

要实行任何人头脑中所臆想的社会主义理想,正如马克思所言:"工人阶级不是要实现什么理想,而是要解放那些由旧的正在崩溃的资产阶级社会本身孕育着的新社会因素。"①巴黎公社的经验表明:"他们不是要凭一纸人民法令去推行什么现成的乌托邦。他们知道,为了谋求自己的解放,并同时创造出现代社会在本身经济因素作用下不可遏止地向其趋归的那种更高形式,他们必须经过长期的斗争,必须经过一系列将把环境和人都加以改造的历史过程。"②当时只有"资产阶级空谈家总是滔滔不绝地宣讲他们那一套无知的陈词滥调和顽固的宗派主义谬论,口气俨如科学真理在手的圣哲一般"③。

在经过了马克思恩格斯的艰苦努力后,共产主义学说就不再只是满足于用不同的方式解释或批判社会现存问题,进而提出解决这些问题的替代方案,最后发明或设计出一个美好的未来社会前景,而是有着明确的理论指向性,即站在阶级运动的立场上,实际参与到阶级运动中,只有这样才能指导无产阶级的解放事业。对科学共产主义来说,这种理论就是要"了解无产阶级运动的条件、进程和一般结果"④。换言之,"在马克思看来,科学的直接任务就是提出真正的斗争口号,也就是说,善于客观地说明这个斗争是一定生产关系体系的产物,善于了解这一斗争的必然性、它的内容、它的发展进程和条件"⑤。

最后,马克思还对那些站在宗派运动立场上的空想社会主义批判道:"由于阶级斗争不发展,由于他们本身的生活状况,他们就以为

---

① 《马克思恩格斯选集》(第3卷),人民出版社1995年版,第60页。
② 《马克思恩格斯选集》(第3卷),人民出版社1995年版,第60页。
③ 《马克思恩格斯选集》(第3卷),人民出版社1995年版,第60页。
④ 《马克思恩格斯文集》(第2卷),人民出版社2009年版,第44页。
⑤ 《列宁选集》(第1卷),人民出版社1995年版,第83页。

自己是高高超乎这种阶级对立之上。他们要改善社会一切成员的生活状况，甚至生活最优裕的成员也包括在内。因此，他们总是不加区别地向整个社会呼吁，而且主要是向统治阶级呼吁。"①由于超然于阶级运动之外，空想社会主义者要么"拒绝一切政治行动，特别是一切革命行动；他们想通过和平的途径达到自己的目的，并且企图通过一些小型的、当然不会成功的实验，通过示范的力量为新的社会福音开辟道路"②，要么"激烈地反对工人的一切政治运动，认为这种运动只是由于盲目地不相信新福音才发生的"③。不同于这些空想社会主义者试图解救全社会，热衷于为人类"造福的和平计划"④，做整个人类的救世主，马克思恩格斯完全站在阶级运动的立场上，把自己的全部精力都投入教育、组织、启发、动员工人阶级的事业上。在马克思恩格斯看来，既然共产主义不是宗派运动的产物，它产生于阶级运动并服务于阶级运动，那么就不能把自己的任务规定为是向全社会发起呼吁，乞求"有教养"阶层的帮助，而是要通过"灌输"以提高工人的阶级觉悟，对无产阶级进行思想教育和政治动员。就如《共产党宣言》里所要求的那样，"共产党一分钟也不忽略教育工人尽可能明确地意识到资产阶级和无产阶级的敌对的对立，……共产党到处都支持一切反对现存的社会制度和政治制度的革命运动"⑤。唯物史观和剩余价值理论的发现，要求这种政治教育的任务绝不是进行某种理念灌输或道德说教，把共产主义当作一种未来社会的理想状态让人们相信它必定会自动实现，自觉不自觉地

---

① 《马克思恩格斯文集》（第2卷），人民出版社2009年版，第63页。
② 《马克思恩格斯文集》（第2卷），人民出版社2009年版，第63页。
③ 《马克思恩格斯文集》（第2卷），人民出版社2009年版，第64页。
④ 《列宁专题文集·论马克思主义》，人民出版社2009年版，第79页。
⑤ 《马克思恩格斯选集》（第1卷），人民出版社1995年版，第306页。

在群众中散布幻想,也绝不是让人们对共产主义有一个思想认同或价值追求,成为个人信仰和自我修行的领地;而是要"公开认为自己的任务就是揭露现代社会的一切对抗和剥削形式,考察它们的演变,证明它们的暂时性和转变为另一种形式的必然性,因而也就帮助无产阶级尽可能迅速地、尽可能容易地消灭任何剥削"①。共产党人的任务就是:一方面把作为行动指南的社会主义意识灌输到工人运动中去,另一方面把各种各样的机会主义和宗派主义分子从工人运动中清除出去,实现社会主义与工人运动的结合,"工人阶级的政治运动必然会使工人认识到,除了社会主义,他们没有别的出路。另一方面,社会主义只有成为工人阶级的政治斗争的目标时,才会成为一种力量"②。

正是由于局限在宗派运动的空想社会主义脱离于阶级运动,所以它在理论上有很强的非阶级性特征。恩格斯在《〈英国工人阶级状况〉1892年德文版序言》里指出:"共产主义不是一种单纯的工人阶级的党派性学说,而是一种最终目的在于把连同资本家在内的整个社会从现存关系的狭小范围中解放出来的理论。这在抽象的意义上是正确的,然而在实践中在大多数的情况下不仅是无益的,甚至还要更坏。只要有产阶级不但自己不感到有任何解放的需要,而且还全力反对工人阶级的自我解放,工人阶级就应当单独地准备和实现社会革命……现在还有不少人,站在不偏不倚、高高在上的立场向工人鼓吹一种凌驾于一切阶级对立和阶级斗争之上的社会主义,这些人如果不是还需要多多学习的新手,就是工人最凶恶的敌人,披着羊皮的豺狼。"③为此,马克思恩格

---

① 《列宁选集》(第1卷),人民出版社1995年版,第83页。
② 《列宁专题文集·论马克思主义》,人民出版社2009年版,第55页。
③ 《马克思恩格斯选集》(第4卷),人民出版社1995年版,第423—424页。

斯在晚年总结他们的立场时还特别指出:"将近40年,我们一贯强调阶级斗争,认为它是历史的直接动力,特别是一贯强调资产阶级和无产阶级之间的阶级斗争,认为它是现代社会变革的巨大杠杆;所以我们绝不能和想把这个阶级斗争从运动中勾销的人一道走。"①同样列宁也批评那些自称为马克思主义者的宗派主义分子,"要知道,这样只会闹出只有俄国才能有的笑话来把一些根本不懂阶级斗争,不懂资本主义社会所固有的必然对抗,不懂这种对抗的发展,不懂无产阶级的革命作用的人算作马克思主义者;甚至把一些直接提出资产阶级方案的人,也算作马克思主义者,只要他们有时也说过'货币经济'及其'必然性'等等一类的字眼就行"②。列宁明确地反对这种凌驾于阶级对立之上和脱离于阶级运动之外的社会主义观点,指出"一切关于非阶级的社会主义和非阶级的政治的学说,都是胡说八道"③。

并不是所有宗派主义者都脱离于工人运动,但是,那些参加工人运动的宗派主义者的目的不是为了无产阶级的解放事业,而是为了实现他们头脑中所想象出的或者所推导出的未来社会的组织原则,因此在致力于宗派运动的空想社会主义者看来,"社会的活动要由他们个人的发明活动来代替,解放的历史条件要由幻想的条件来代替,无产阶级的逐步组织成为阶级要由一种特意设计出来的社会组织来代替。在他们看来,今后的世界历史不过是宣布和实施他们的社会计划"④。总之,宗派运动的最大特征就是要强制性地让现实去适应理想,宗派运动的主要任务

---

① 《马克思恩格斯选集》(第3卷),人民出版社1995年版,第685页。
② 《列宁选集》(第1卷),人民出版社1995年版,第82页。
③ 《列宁选集》(第2卷),人民出版社1995年版,第306页。
④ 《马克思恩格斯文集》(第2卷),人民出版社2009年版,第62—63页。

就是宣讲和布道，"他们以为，人们只要理解他们的体系，就会承认这种体系是最美好的社会的最美好的计划"①。或者说，"他们企图用新社会的幻想图景和方案来弥补运动所缺乏的历史条件，并且认为宣传这些空想的图景和方案是真正的救世之道"②。与此相反，站在阶级运动立场上的共产主义者的"真正任务不是臆造种种改造社会的计划，不是劝导资本家及其走狗改善工人的处境，不是策划密谋，而是组织无产阶级的阶级斗争，领导这一斗争，而斗争的最终目的是由无产阶级夺取政权并组织社会主义社会"③。总之，"马克思主义的原则决不在于背诵词句的多少，不在于必须永远遵守'正统的'公式，而在于促进广泛的工人运动，促进群众的组织和主动性"④。

马克思揭示了宗派运动的根源，"所有的社会主义宗派的创始人都属于那样一个时期，那时工人阶级自己一方面还没有在资本主义社会本身的发展进程中得到足够的锻炼并被充分地组织起来，因此还没有作为历史动力登上历史舞台；另一方面，他们取得解放的物质条件在旧世界本身内部也还没有完全成熟"⑤。在马克思主义诞生以前，工人阶级一方面还不能摆脱旧的世界观的影响，另一方面能够获得自身解放所需要的物质条件还不具备或者还只是在生成过程中，因此，当时社会主义呈现出宗派运动的特征是与它的空想主义性质相适应的。也就是说空想社会主义之所以局限在宗派运动的水平上，在客观方面主要是由于当时工人运动的不发展，作为一个自为阶级活动的工人阶级还处在形成过程

---

① 《马克思恩格斯文集》（第2卷），人民出版社2009年版，第63页。
② 《马克思恩格斯选集》（第3卷），人民出版社1995年版，第108页。
③ 《列宁专题文集·论马克思主义》，人民出版社2009年版，第95页。
④ 《列宁专题文集·论马克思主义》，人民出版社2009年版，第299—300页。
⑤ 《马克思恩格斯选集》（第3卷），人民出版社1995年版，第108页。

中，同时阶级斗争还没有以尖锐的形式表露出来；在主观方面则是因为作为无产阶级世界观的马克思主义还没有诞生出来。社会主义从宗派运动发展到阶级运动，既离不开资本主义的发展成熟，也离不开马克思主义的产生和传播。随着马克思主义的传播和无产阶级独立地登上历史舞台，马克思认为，"现在一个新的发展阶段已经到来，把宗派运动融合于阶级运动和消除一切宗派主义的时机已经成熟"①。而那些脱离阶级运动的空想社会主义信徒们就不可避免地"总是组成一些反动的宗派"②。后来列宁在总结马克思恩格斯领导国际工人运动的经历时，为此特别指出："在恩格斯（以及马克思）所作的劝告、指示、纠正、威胁和教导中，贯穿着两条路线。对于英美社会主义者，他们总是坚持不懈地号召同工人运动打成一片，铲除自己组织中的狭隘的顽固的宗派主义精神。对于德国社会民主党人，他们总是坚持不懈地教导不要陷入庸俗习气、'议会迷'（马克思在1879年9月19日信里使用的说法）和市侩知识分子机会主义的泥坑。……当国际工人运动出现严重动荡和动摇的征兆的时候，……马克思和恩格斯就教导社会党人无论如何要打破狭隘的宗派圈子，参加到工人运动中去，以便使无产阶级在政治上振作起来。"③

既然马克思主义已经得到广泛传播，工人阶级也日渐成熟起来，对于以科学理论为行动指南的共产主义者来说，就不应该再把自己的活动局限在宗派运动的狭小范围内，而是要把任务确定为"对运动历史条

---

① 《马克思恩格斯文集》（第10卷），人民出版社2009年版，第294页。
② 《马克思恩格斯选集》（第1卷），人民出版社1995年版，第305页。
③ 《列宁选集》（第1卷），人民出版社1995年版，第721—722页。

件的真正理解以及工人阶级战斗组织的力量的日益积聚"①。从历史上看,马克思恩格斯创立第一国际的初衷就是为了与这些社会主义宗派做斗争,马克思说:"成立国际是为了用工人阶级的真正的战斗组织来代替那些社会主义的或半社会主义的宗派。只要看一下最初的章程和成立宣言就会发现这一点。另一方面,要不是历史的进程已经粉碎了宗派主义,国际就不可能巩固。社会主义的宗派主义的发展和真正工人运动的发展总是成反比。只要宗派有其(历史的)存在的理由,工人阶级就还没有成熟得可以进行独立的历史运动。一旦工人阶级成熟到这种程度,一切宗派实质上就都是反动的了。"②在马克思看来,"国际的历史就是总委员会对那些力图在国际内部巩固起来以抗拒真正工人阶级运动的各个宗派和各种浅薄尝试所进行的不断的斗争"③。总之,正如恩格斯在《社会主义从空想到科学的发展》中所指出的那样,共产主义实际上就是无产阶级运动的理论表现,即"深入考察这一事业的历史条件以及这一事业的性质本身,从而使负有使命完成这一事业的今天受压迫的阶级认识到自己的行动的条件和性质,这就是无产阶级运动的理论表现即科学社会主义的任务"④。

恩格斯在《法学家的社会主义》中还从"法学世界观"的角度对空想社会主义陷入宗派运动的根源性进行了分析。法学世界观产生于资产阶级革命时期,"这个新的上升的阶级反对封建主和当时保护他们的君主专制的斗争,像一切阶级斗争那样,应当是政治斗争,是争取占有国

---

① 《马克思恩格斯选集》(第3卷),人民出版社1995年版,第108页。
② 《马克思恩格斯选集》(第4卷),人民出版社1995年版,第602页。
③ 《马克思恩格斯选集》(第4卷),人民出版社1995年版,第602页。
④ 《马克思恩格斯文集》(第3卷),人民出版社2009年版,第566—567页。

家的斗争，应当为了法权要求而进行。——就是这一事实，促进了法学世界观的确立"[①]。但是在马克思主义诞生以前，在反对资产阶级的斗争中，无产阶级只能从资产阶级那里寻找武器，主张自己的权利要求，他们不能理解权利本身只能是来自阶级运动，而阶级运动又是由一定的经济关系、生产关系所决定的，他们还认识不到人们的法律和政治观念以及权利本身都是来源于他们所身处的经济生活条件、生产方式和交换方式中。因此"无产阶级的第一批政党组织，以及它们的理论代表都是完全站在法学的'权利基础'之上的，只不过他们为自己奠立的'权利基础'和资产阶级的'权利基础'不同而已。一方面，就法律平等必须用社会平等做补充这一点而言，平等的要求是扩大了；另一方面，从亚当·斯密的论点——劳动是一切财富的源泉，但劳动产品必须从劳动者手中分给地主和资本家共享中得出了一个结论：这种分配是不正义的，必须彻底废除，或者至少把它改变得有利于劳动者。但是早期社会主义者中最杰出的思想家——圣西门、傅立叶和欧文——就已感觉到，在这个问题上如果单纯停留在法学的'权利基础'上，就不能消除资产阶级—资本主义的生产方式，特别是现代大工业生产方式所造成的灾难，这就使他们完全抛开法学政治领域，并宣称一切政治斗争都是无益的。要适当表现和全面概括工人阶级因其经济状况而产生的求解放的愿望，上面两种见解都同样是不恰当的。平等的要求也好，十足劳动收入的要求也好，当需要从法学上来具体表述它们的时候，都会陷入无法解决的矛盾，而且问题的实质，即生产方式的改造，则多少没有被触及。伟大的空想主义者放弃了政治斗争。同时就是放弃了阶级斗争，也

[①] 《马克思恩格斯全集》（第21卷），人民出版社1965年版，第546页。

就是放弃了他们捍卫其利益的那个阶级的唯一可能的活动方式。两种观点都脱离了它们赖以存在的历史背景；双方都诉诸感情；一方诉诸正义感，另一方诉诸人性感。双方都给自己的要求披上虔诚愿望的外衣，至于这些要求为什么恰恰应当在现在而不是在一千年以前或一千年以后实现，那是无法说的"[1]。在恩格斯看来，与这种法学世界观相对应的是无产阶级世界观，而"严格的无产阶级世界观只有一个，这就是马克思主义"[2]。在这种世界观看来，无产阶级的存在不是为了实现某种彼岸的理想，或要求某种应然的权利。因此，它既不像神学的世界观，也不像法学的世界观，它既不诉诸正义感，也不诉诸人性感，它用唯物史观向工人阶级证明："人们的一切法律、政治、哲学、宗教等等观念归根结蒂都是从他们的经济生活条件、从他们的生产方式和产品交换方式中引导出来的。由此便产生了适合于无产阶级的生活条件和斗争条件的世界观；和工人无财产相适应的只能是他们头脑中无幻想。"[3]总之，马克思主义把自己的理论目的规定得很明确：指导无产阶级追求自身解放的阶级运动，即"共产主义是关于无产阶级解放的条件的学说"[4]。正是由于马克思站在了阶级运动的立场上，发现了无产阶级的世界观，因此，"凡是人类思想所建树的一切，他都放在工人运动中检验过，重新加以探讨，加以批判，从而得出了那些被资产阶级狭隘性所限制或被资产阶级偏见束缚住的人所不能得出的结论"[5]。

实际上，与社会主义运动在早期大多局限在宗派运动中相对应的

---

[1] 《马克思恩格斯全集》（第21卷），人民出版社1965年版，第546—547页。
[2] 《列宁专题文集·论马克思主义》，人民出版社2009年版，第297页。
[3] 《马克思恩格斯全集》（第21卷），人民出版社1965年版，第548页。
[4] 《马克思恩格斯文集》（第1卷），人民出版社2009年版，第676页。
[5] 《列宁专题文集·论马克思主义》，人民出版社2009年版，第296页。

是，工人运动也并非天然就是阶级运动，工人运动从自发的个体抗争或集体行动到自觉的阶级运动的发展也有赖于社会主义思想体系的创立和阶级政治意识的灌输。1893年，当列宁初到圣彼得堡时，当时的马克思主义者虽然还没能与产业工人建立联系，但是谁都承认，如果不深入工人运动中去，那么他们就会处于孤立无援的地位，并且所做的一切努力都将是徒劳无功的。因此，列宁和当时为数众多的俄国马克思主义者很快就深入工人运动中去，在1895年创建了"彼得堡工人阶级解放斗争协会"等组织。但是，这些初次深入工人运动中去的马克思主义者很快就被工人运动的大潮淹没了。比如，当时作为列宁战友的马尔托夫，写了一本《论鼓动》的小册子，它的基本思想是："工人们不是通过书本学习和理论上的训练，而是通过反思战斗的经验而走向社会主义，这些战斗是他们为了改善自己悲惨的经济条件而不得不战的。争取更好条件，提高报酬和安全，从很多工业机构所特有的残忍待遇和任意罚款中解放出来，这些斗争将使工人们懂得团结和预先组织的重要性。"[①]这种思想代表当时大多数俄国马克思主义者的想法，但对列宁而言，把工人运动局限于经济斗争，把改善工人群众的经济条件作为斗争的首要目标，这显然不是马克思主义所应抱的观点。工人运动应该是整个阶级的整体行动，因而反映整个阶级的整体意识，也就是社会主义政治意识，应该是工人运动首先要关切的内容。也就是说，工人运动不是工人作为个体或集体，而是作为整体，即作为整个阶级去改变现状（经济和政治相统一）的斗争活动，因为只有这种斗争才具有普遍性。所以，"社会民主党的座右铭，应当是不仅要帮助工人进行经济斗争，而且要帮助工人进

---

① [英]尼尔·哈丁：《列宁主义》，南京大学出版社2014年版，第26页。

行政治斗争；不仅要针对当前的经济要求进行鼓动，而且要针对一切政治压迫进行鼓动"①。工人运动决不能局限在行业或地区的范围内，也不应该局限在无政府工团主义或工联主义政治的阶段内，它追求的不应该是狭隘的行业利益或地区利益，它维护的也不应该是工人作为特殊职业或团体的宗派权利，而应该是"普遍性的要求、代表所有雇佣工人的要求完全是阶级的需求，在本质上直接针对政府的政治要求"②。既然工人运动是工人作为整个阶级而进行的政治运动，那么没有一个组织严密、纲领明确、遍及全国的新型无产阶级政党，没有一个科学理论作为整个运动阶段的指导思想，工人运动就不可能上升为阶级运动，工人阶级也不可能成为真正自为的阶级。在这个意义上，社会主义摆脱宗派运动和工人运动上升为阶级运动是同一个过程，这一过程的核心就是科学共产主义与无产阶级运动的结合。

与科学共产主义的创立标志着社会主义从"宗派运动"发展到"阶级运动"相反，在世界社会主义运动中始终有一个支流，或者说是一股逆流，即社会民主主义或民主社会主义，它最大的特点就是从"阶级运动"再次倒退到了"宗派运动"。实际上，早在19世纪中叶，马克思就揭示了"社会民主派的特殊性质表现在，它要求把民主共和制度作为手段并不是为了消灭两极——资本和雇佣劳动，而是为了缓和资本和雇佣劳动之间的对抗并使之变得协调起来。无论它提出什么办法来达到这个目标，无论目标本身涂上的革命颜色是淡是浓，其内容始终是一样的：以民主主义的方法来改造社会，但是这种改造始终不超出小资产阶级的

---

① 《列宁专题文集·论马克思主义》，人民出版社2009年版，第92页。
② ［英］尼尔·哈丁：《列宁主义》，南京大学出版社2014年版，第28页。

范围"①。列宁也指出过这些人的幼稚性:"只要那些主张改良和改善的人还不懂得,任何一个旧设施,不管它怎样荒谬和腐败,都由某些统治阶级的势力在支撑着,那他们总是会受旧事物拥护者的愚弄。要粉碎这些阶级的反抗,只有一个办法,就是必须在我们所处的社会中找到一种力量,教育它和组织它去进行斗争,这种力量可以(而且按它的社会地位来说应当)成为能够除旧立新的力量。"②无疑,这种力量就是无产阶级,因为"只有无产阶级具有社会主义本性"③,所以"能使人类摆脱现在所受的灾难的,并不是个别高尚人物善意的尝试,而是组织起来的无产阶级所进行的阶级斗争"④。相反,社会民主主义或民主社会主义最大的特点就在于无视或忽略无产阶级,否认或逃避阶级斗争,像社会主义宗派分子一样,简单地"把社会主义看成是一种道德需要、道德抗议,否认其历史必然性。……以自由、公正、相助为基本价值,把争取社会主义的斗争局限在资产阶级民主的框架内"⑤。可以说,科学共产主义与社会民主主义和民主社会主义最大的区别就在于,前者是立足于无产阶级运动,服务于无产阶级运动,致力于消灭阶级和阶级差别;后者则是像空想社会主义一样囿于宗派运动,不加区别地向全社会各个阶层呼吁,提出各种的社会改良方案,目的是调和阶级和阶级斗争,总之就是"和充当资本主义制度掘墓人的革命无产阶级相反,它

---

① 《马克思恩格斯文集》(第2卷),人民出版社2009年版,第501页。
② 《列宁专题文集·论马克思主义》,人民出版社2009年版,第71页。
③ 《列宁专题文集·论马克思主义》,人民出版社2009年版,第62页。
④ 《列宁专题文集·论马克思主义》,人民出版社2009年版,第51—52页。
⑤ 徐崇温:《社会民主主义与民主社会主义:历史、理论和现状》,《中国特色社会主义研究》2007年第4期。

张成为资本主义病床边的医生和护士"①。因此从阶级根源上讲："科学社会主义的开创者是马克思、恩格斯，根是革命的无产阶级；而社会民主主义的鼻祖是拉萨尔、蒲鲁东，根是小资产阶级民主派。"②

> 如果说工人们想要在社会的范围内，首先是在本国的范围内创造合作生产的条件，这只是表明，他们力争变革现存的生产条件，而这同靠国家帮助建立合作社毫无共同之处！至于现有的合作社，它们只是在工人自己独立创办，既不受政府保护，也不受资产者保护的情况下，才有价值。

【义释】马克思认为，生产合作社并不是没有意义的，只要它是由工人自己创办的，并且既不受政府保护，也不受资产者保护，就有巨大的价值。也就是说通过合作社这种经济组织，运用互助合作的力量消灭建立在社会分工基础上的资本主义剥削，建设劳动者平等互助、团结友爱的人间乐土，这种合作经济思想曾经被视为社会主义思想的重要部分。法国空想社会主义者傅立叶主张以农业为基础成立共同生产与消费的合作社组织，从而实现社员的自给自足。他于1832年设立了一个"法郎吉"工农合作组织。英国空想社会主义者欧文主张社会应该为消费而生产，非为交换而生产，力促消费者与生产者直接交换，避免中间商的剥削，并在社会实践的基础上提出了劳动公社制度，即"根据联合劳

---

① 徐崇温：《社会民主主义与民主社会主义：历史、理论和现状》，《中国特色社会主义研究》2007年第4期。

② 徐崇温：《如何认识民主社会主义》，《毛泽东邓小平理论研究》2010年第4期。

动、联合消费、联合保有财产和特权均等的原则建立起来的"。[①]它是一种"真理、富裕和幸福的优良制度"。1834年2月在欧文的倡导帮助下，以这些行业工会为基础正式成立了"全国各业统一工会"，其会员在80万以上，机关报为《先锋》。这个组织在它的"纲领和宣言"中，把"说服统治阶级""使工人成为自己产品的消费者"作为其任务，表现出纯粹经济斗争的方向。19世纪40年代中期，合作运动在英国重新兴起，1844年12月在英格兰北部纺织工业区的罗彻代尔成立了"罗彻代尔先锋合作社（the Rochdale Equitable Pioneers Society）"。这个合作社的领导人都是欧文派社会主义者，它最初的社员大多是纺织业各部门的织工。在罗彻代尔先锋合作社的章程和会议纪要中，拟定了若干组织和经营方面的条款，作为合作社必须遵守的准则。罗彻代尔先锋合作社发展很快，到1855年社员已增至1400余人。到1851年英国成立的罗彻代尔式的合作社已有130个左右，社员不下1.5万人。在罗彻代尔原则指导下，合作社运动已逐步形成具有特定内涵和特征的世界性合作经济形式。1937年，国际合作联盟将罗彻代尔先锋合作社的章程和记录归纳为"罗彻代尔原则"。作为一种温和和改良主义性质的社会运动，合作社运动大致可看作一种自发的工人运动，因此许多社会主义者对合作运动持消极甚至反对的态度。特别是在经过了马克思主义阶级斗争理论的灌输之后，当时占主流地位的社会主义思想普遍认为，社会主义应该是剥夺剥夺者的运动，工人运动的目标是夺取政权，使自己上升为统治阶级，而后实现生产资料的公有化，使劳动者最终摆脱奴役地位。由于合作运动和合作主义容易把工人运动引入歧路，搞乱工人的思想，所以马克思

---

① 《欧文选集》第1卷，商务印书馆2009年版，第330页。

主义经典作家也站到了批判合作运动和合作主义的第一线，马克思、恩格斯主要把它看作一种实践上的空想主义和理论上的机会主义。马克思主义认为，在阶级矛盾不可调和的时代试图调和阶级矛盾、消除阶级斗争，幻想用经济竞争方式推翻资本主义制度或者使资本主义长入社会主义，这只能起到消灭工人阶级的斗争意识、磨灭工人阶级的斗争意志的作用。在列宁时代，由于俄国特有的村社制度，合作运动和合作主义对俄国人民具有天然的吸引力。列宁为了使工人运动朝社会主义目标前进，对资本主义条件下的合作运动进行了全面否定，认为在资本主义条件下，把合作社作为工人运动的首要目标是一种典型的机会主义。列宁批评说，"机会主义者把消费合作社的口号提到了首位，而革命者把无产阶级夺取政权的口号提到首位。机会主义者争辩道：消费合作社是无产者的现实力量，是争取到的现实的经济阵地，是社会主义的真正的一部分；你们革命者不懂得辩证的发展，不懂得资本主义要长入社会主义，不懂得社会主义细胞要渗入资本主义的内部，不懂得用新的社会主义内容来代替资本主义"。[①]列宁代表革命者针锋相对回击道，"革命者回答说：是的，我们同意消费合作社在一定意义上是社会主义的一部分。第一，社会主义社会是一个为了消费而有计划地组织生产的大消费合作社；第二，没有强大的多方面的工人运动，社会主义就不能实现，而消费合作社必然是这许多方面的一个方面。但是问题不在这里。只要政权还掌握在资产阶级手里，消费合作社就是可怜的一小部分，它保证不了任何重大的变动，引不起任何决定性的变化，有时甚至使人脱离争取变革的严重斗争。工人在消费合作社中获得的本领非常有用，这是无

[①] 《列宁全集》（第11卷），人民出版社1987年版，第370页。

可争辩的。但是，只有政权转入无产阶级手中以后，才能提供出充分发挥这些本领的天地。那时，剩余价值也将由消费合作社体系支配；而现在，由于工资微薄，运用这个有益的机构的范围也很狭窄。那时，将是真正自由的工作人员的消费合作社，而现在，是受资本压榨折磨的雇佣奴隶的合作社"[1]。在十月革命后，特别是实行新经济政策后，列宁才改变了对合作社的看法，但这里的合作社指的不是工人建立的生产合作社，而是逐步引导农民过渡到社会主义的农业生产合作社，这里就不再赘述了。

---

[1] 《列宁全集》（第11卷），人民出版社1987年版，第370页。

"第四章"
义释

现在我来谈民主的一节。

A."国家的自由的基础。"

首先，照第二节的说法，德国工人党争取建立"自由国家"。

自由国家，这是什么东西？

使国家变成"自由的"，这决不是已经摆脱了狭隘的臣民见识的工人的目的。在德意志帝国，"国家"几乎同在俄国一样地"自由"。自由就在于把国家由一个高踞社会之上的机关变成完全服从这个社会的机关；而且就在今天，各种国家形式比较自由或比较不自由，也取决于这些国家形式把"国家的自由"限制到什么程度。

【义释】在马克思看来，"自由国家"是不可能存在的，国家是以强制力作为自己的基础，因而国家存在的本身就是证明了社会是不可能自由的，一旦社会有可能谈到自由的时候，国家也就不复存在了。马克思从来不会把国家永恒化，在这一点，他和无政府主义者是一致的，与无政府主义的区别在于，对后者而言是要废除国家，一旦废除国家，一切社会问题便迎刃而解，而在马克思看来国家是要消亡的，一旦社会问题得到解决，确切地说，一旦阶级和阶级差别消失，国家也就自然消亡了。

因而，说自由国家，无非是说国家可以自由地对人民进行镇压或对社会进行强制，这样看来，最自由的国家恰恰也就是那些最专制的国家。因而要求"自由国家"这一矛盾用语,不如明确地要求"把国家由一个高踞社会之上的机关变成完全服从这个社会的机关"。那么如何把国家从高踞社会之上的机关变成完全服从这个社会的机关呢？马克思在这里没有细谈，因为自法国大革命以来近一百年的历史，已经在朝这个方向逐渐发展，当时欧洲存在的各种国家形式，都已经在对"国家的自由"做出了这样或那样的限制，换言之，国家形式先进与否，就要看对"国家的自由"限制多少。以上这些内容是马克思对《哥达纲领草案》第二节中提出的"用一切合法手段去争取建立自由国家"的批判。

在这里，"狭隘的臣民见识"是广泛流传于德国的一种说法，源于1838年初普鲁士内务大臣冯·罗霍给埃尔宾城居民的信。当时有人以埃尔宾城居民名义写信支持哥廷根七教授反对汉诺威国王废除该邦宪法。罗霍在回信中写道："臣民应当对自己的国王和邦君表示理所当然的服从……但是不应当以自己的狭隘见识为标准去度量国家元首的行为……"[①]

> 德国工人党——至少是当它接受了这个纲领的时候——表明：它对社会主义思想领会得多么肤浅，它不把现存社会（对任何未来社会也是一样）当做现存国家的（对未来社会来说是未来国家的）基础，反而把国家当做一种具有自己的"精神的、道德的、自由的基础"的独立存在物。

【义释】这段话是对"国家的自由的基础"的严厉批评。马克思在

---

① 《马克思恩格斯选集》（第3卷），人民出版社2012年版，第1070页。

前面已经讲了，国家的自由，就是指国家可以自由地对待人民和社会。因此，这里批判的实际上是"国家的基础"这一论断。何为国家的基础呢？很显然现存社会是现存国家的基础，用马克思的话就是"不是国家决定市民社会，而是市民社会决定国家"。如果这么理解国家的基础，那么要谈的不应该是国家形式问题，而是社会内容问题，换言之作为党纲下面要提出的不是对国家形式的修修补补。但从《哥达纲领草案》接下来提出的政治要求，可以看出它是把国家当作了一个独立的存在物。而这种存在物有自己的"精神的、道德的、自由的基础"，显然，"哥达纲领"的这种国家观念，脱胎于黑格尔的国家观，因为拉萨尔是黑格尔的忠实信徒，他自认为全然继承了黑格尔的衣钵。黑格尔认为不是市民社会决定国家，而是国家决定市民社会，市民社会中的一切问题要靠国家来解决（当然这国家不是不变的存在物，而是有自己独立的发展阶段）。与黑格尔和拉萨尔相反，马克思在方法论对黑格尔的国家观进行了彻底批判。在《资本论》第1卷的第2版"跋"中，马克思指出："我的辩证方法，从根本上来说，不仅和黑格尔的辩证方法不同，而且和它截然相反。在黑格尔看来，思维过程，即甚至被他在观念这一名称下转化为独立主体的思维过程，是现实事物的创造主，而现实事物只是思维过程的外部表现。我的看法则相反，观念的东西不外是移入人的头脑并在人的头脑中改造过的物质的东西而已。将近30年以前，当黑格尔辩证法还很流行的时候，我就批判过黑格尔辩证法的神秘方面。"[①]在马克思看来，"现代国家"只是一种虚构而已。

---

① 《马克思恩格斯选集》（第2卷），人民出版社2012年版，第93—94页。

而且纲领还荒谬地滥用了"现代国家"、"现代社会"等字眼，甚至更荒谬地误解了向之提出自己要求的那个国家！

"现代社会"就是存在于一切文明国度中的资本主义社会，它或多或少地摆脱了中世纪的杂质，或多或少由于每个国度的特殊的历史发展而改变了形态，或多或少地有了发展。"现代国家"却随国境而异。它在普鲁士德意志帝国同在瑞士不一样，在英国同在美国不一样。所以，"现代国家"是一种虚构。

但是，不同的文明国度中的不同的国家，不管它们的形式如何纷繁，却有一个共同点：它们都建立在现代资产阶级社会的基础上，只是这种社会的资本主义发展程度不同罢了。所以，它们具有某些根本的共同特征。在这个意义上可以谈"现代国家制度"，而未来就不同了，到那时，"现代国家制度"现在的根基即资产阶级社会已经消亡了。

【义释】这段话具有一定的跳跃性，不过充分地说明了马克思是多么反感《哥达纲领草案》对"现代社会"和"现代国家"这类词语的滥用和误用。马克思立场鲜明地指出"现代国家"是一种虚构，也就是根本不存在一个样板或者说模板，可以让其他国家为之努力地靠近以实现所谓的"国家现代化"。而"现代社会"就是存在于一切文明国度中的资本主义社会，因而也决不能把实现"现代社会"作为党的追求。所以，当马克思看到《哥达纲领草案》提出"德国工人党在现代社会内部提出下列保护工人阶级免遭资本势力之害的要求"时，心情该是多么地

114

崩溃！在现代社会内部，也就是在资本主义社会内部保护工人阶级，这是一种怎样的保护呢？不过是为了保护工人阶级的奴隶地位，保护劳动力商品不至于被无限压榨。

最后，在现代社会，也就是资本主义社会之外有一个未来社会，那么与此相适应，是否有一个未来国家呢？马克思给出了否定回答。既而未来就不同了，并没有一个未来国家，因为到那时，"现代国家制度"现在的根基即资产阶级社会已经消亡了，那么国家自然也就消亡了。

> 于是就产生了一个问题：在共产主义社会中国家制度会发生怎样的变化呢？换句话说，那时有哪些同现在的国家职能相类似的社会职能保留下来呢？这个问题只能科学地回答；否则，即使你把"人民"和"国家"这两个词联接一千次，也丝毫不会对这个问题的解决有所帮助。
>
> 在资本主义社会和共产主义社会之间，有一个从前者变为后者的革命转变时期。同这个时期相适应的也有一个政治上的过渡时期，这个时期的国家只能是无产阶级的革命专政。
>
> 但是，这个纲领既不谈无产阶级的革命专政，也不谈未来共产主义社会的国家制度。

【义释】这是马克思在批判《哥达纲领草案》时得出的非常重要的结论。即在共产主义社会中国家制度将不复存在。并不是说要建立自由国家和人民国家，也就是爱森纳赫派党的纲领所提出的"社会民主工党争取建立自由的人民国家"。"即使你把'人民'和'国家'这两个词联接一千次，也丝毫不会对这个问题的解决有所帮助"，马克思的这句话主要是冲着爱森纳赫派讲的。马克思不仅对1875年的《哥达纲领草案》持绝对批判态度，对哥达合并前的爱森纳赫派在1869年通过的纲领也持一定的批评意见，特别是对人民国家这种说法的批评。显然，在马克思看来，未来社会国家将消亡，因此根本就谈不上"人民国家"这种说法。恩格斯在给倍倍尔的信中也对这点耿耿于怀，在他看来，对比1869年的纲领，1875年《哥达纲领草案》的变化无非是"自由的人民国家变成了自由国家。从字面上看，自由国家就是可以自由对待本国公民的国家，即具有专制政府的国家。应当抛弃一切关于国家的废话，特别是出现了已经不是原来意义上的国家即巴黎公社以后"。[①]在1869年，还不存在巴黎公社，这个时候如果提"人民国家"还可以忍受的话，那么明明已经出现过不是原来意义上的国家了，为何还要固守之前的提法呢？这个不是原来意义的国家是什么呢？就是无产阶级的革命专政。需要注意的是，虽然马克思这里用"这个时期的国家"和"共产主义社会的国家制度"等这类的说法，但这只是为了表述方便。实际上，这个时期的国家及未来共产主义社会的国家制度已经跟原来意义上的国家不是一回事了，因此，恩格斯建议用"共同体"代替"国家"这个古德文词可能更为恰当一点。

无产阶级专政是马克思主义的精髓。马克思恩格斯在1848年的《共产党宣言》中就已经对无产阶级专政做过表述。在《1848年至1850年的法兰西阶级斗争》中，马克思第一次明确提出了"工人阶级专政"的口号。在1852年3月5日给他的美国老朋友约瑟夫·魏德迈的信中，马克思

[①] 《马克思恩格斯选集》第三卷，人民出版社2012年版，第348页。

进一步肯定了"无产阶级专政"这一结论。在这封信中，马克思针对一些人在阶级和阶级斗争问题上的错误观点，阐明了他在阶级斗争理论上的新贡献：（1）阶级的存在仅仅同生产发展的一定历史阶段相联系；（2）阶级斗争必然导致无产阶级专政；（3）这个专政不过是达到消灭一切阶级和进入无阶级社会的过渡。

革命导师列宁继承和发展了马克思主义的无产阶级专政理论。在《国家与革命》一文中论及马克思的这个光辉理论时，列宁指出："这个结论是马克思根据他对无产阶级在现代资本主义社会中的作用的分析，根据关于这个社会发展情况的材料以及关于无产阶级与资产阶级对立的利益不可调和的材料所得出的。从前，问题的提法是这样的：无产阶级为了求得自身的解放，应当推翻资产阶级，夺取政权，建立自己的革命专政。现在，问题的提法已有些不同了：从向着共产主义发展的资本主义社会过渡到共产主义社会，非经过一个'政治上的过渡时期'不可，而这个时期的国家只能是无产阶级的革命专政。"[①]除此之外，他还强调："只有懂得一个阶级的专政不仅对一般阶级社会是必要的，不仅对推翻了资产阶级的无产阶级是必要的，而且对介于资本主义和'无阶级社会'即共产主义之间的整整一个历史时期都是必要的，——只有懂得这一点的人，才算掌握了马克思国家学说的实质。"[②]毛泽东同志也曾指出，无产阶级专政"是一个很好的东西，是一个护身的法宝，是一个传家的法宝，直到国外的帝国主义和国内的阶级被彻底地干净地消灭之日，这个法宝是万万不可以弃置不用的"[③]。

---

① 《列宁选集》（第3卷），人民出版社2012年版，第188页。
② 《列宁全集》（第31卷），人民出版社1985年版，第33页。
③ 《毛泽东选集》（第4卷），人民出版社1968年横排本，第1392页。

纲领的政治要求除了人所共知的民主主义的陈词滥调，如普选权、直接立法、人民权利、国民军等等，没有任何其他内容。这纯粹是资产阶级的人民党、和平和自由同盟的回声。所有这些要求，只要不是靠幻想夸大了的，都已经实现了。不过实现了这些要求的国家不是在德意志帝国境内，而是在瑞士、美国等等。这类"未来国家"就是现代国家，虽然它是存在于德意志帝国的"范围"以外。

但是他们忘记了一点。既然德国工人党明确地声明，它是在"现代民族国家"内，就是说，是在自己的国家即普鲁士德意志帝国内进行活动——否则，它的大部分要求就没有意义了，因为人们只要求他们还没有的东西——，那么，它就不应当忘记主要的一点，就是说，这一切美妙的玩意儿都建立在承认所谓人民主权的基础上，所以它们只有在民主共和国内才是适宜的。

【义释】马克思的意思是说，《哥达纲领草案》提了那么多政治要求，都是一些人所共知的民主主义陈词滥调，这些要求在很多地方都已经实现了。而最重要的政治要求，《哥达纲领草案》却不敢提，这一政治要求就是要把现代民族国家建立在承认所谓人民主权的基础上，或者说就是提出"民主共和国"的要求！

现代民族国家—人民主权—民主共和国，因为篇幅所限，马克思没有详细论述这三者之间的关系，但这三者之间是有着强相关性。现代民族国家起源于法国大革命，而正是在法国大革命时期，人民主权代替了君权神授，并且在这一基础上建立了民主共和国。这三个元素缺一不可、相互制约。没有人民主权，建立的现代民族国家必然不是民主共和国，当时的德意志帝国就是一个例子。没有人民主权，勉强建立的民主共和国内的国民不可能形成具有凝聚力的民族意识，这样的共和国也不可能成为现代民族国家，后来的"中华民国"就是一个例子。

> 既然他们没有勇气像法国工人纲领在路易-菲力浦和路易-拿破仑时代那样要求民主共和国——而这是明智的，因为形势要求小心谨慎——，那就不应当采取这个既不"诚实"也不体面的手法：居然向一个以议会形式粉饰门面、混杂着封建残余、同时已经受到资产阶级影响、按官僚制度组成、以警察来保护的军事专制国家，要求只有在民主共和国里才有意义的东西，并且还向这个国家庄严地保证，他们认为能够"用合法手段"从它那里争得这类东西！

【义释】马克思在这里针对的还是第二节中提出的"用一切合法手段去争取建立自由国家"的这一要求。在法国七月王朝和第二帝国时期，法国工人纲领有勇气提出"民主共和国"的政治要求，而德国工人党却向德意志帝国保证，他们居然能够用"合法手段"争得只有建立在人民主权的民主共和国里才能实现的东西，这不是痴人说梦是什么！值得我们注意的是，马克思仅仅用了五个词就概括了当时新成立的德意志帝国的本质，即"以议会形式粉饰门面、混杂着封建残余、同时已经受到资产阶级影响、按官僚制度组成、以警察来保护的军事专制国家"。

庸俗民主派把民主共和国看做千年王国，他们完全没有想到，正是在资产阶级社会的这个最后的国家形式里阶级斗争要进行最后的决战，——就连这样的庸俗民主派也比这种局限于为警察所容许而为逻辑所不容许的范围内的民主主义高明得多。

【义释】 马克思认为只有在民主共和国里，阶级斗争才会摆脱一切虚假的面纱，以自己的真实面貌进行最后的决战。因此，民主共和国并不意味着历史的终结，在某种意义上，它意味着历史才刚刚开始，这里所谓的历史也就是阶级斗争的历史。当然，马克思对这种"把民主共和国看作千年王国"的批判仅仅是一笔带过，因为就连这种庸俗民主派，也比以《哥达纲领草案》为基础的党派高明得多，从中也可以看出马克思对这个新合并的政党有多么地失望。

事实上，他们是把"国家"理解为政府机器，或者理解为构成一个由于分工而同社会分离的独特机体的国家，这可以从下面的话得到证明："德国工人党提出下列要求作为国家的经济的基础：……交纳单一的累进所得税……"赋税是政府机器的经济的基础，而不是其他任何东西的经济的基础。在存在于瑞士的"未来国家"里，这种要求差不多已经实现了。所得税是以不同社会阶级的不同收入来源为前提，因而是以资本主义社会为前提。所以，利物浦的财政改革派——以格莱斯顿的弟弟为首的资产者——提出和这个纲领相同的要求，这是不足为奇的。

【义释】 马克思着重批判了把国家理解为政府机器，或者把国家理解为由于分工而同社会分离的独特机体的观点。国家和政府不是一回事，国家可以单独存在，而且国家不是一开始就存在的，也不会一直存在。国家产生于阶级社会，而阶级来源于分工和私有制的发展，国家本身证明了阶级矛盾的不可调和，国家意味着一个阶级必须凭借暴力来维持自己的统治地位。与国家不同，政府不可以单独存在，政府的存在仅仅意味着统治阶级需要寻求代理人来实现维护整个阶级的统治，也就是说政府必然依赖一定的阶级。总之，国家意味着暴力，而政府意味着管理。随着阶级的消灭，国家会随之消亡，但社会的管理职能会依然存在。

B."德国工人党提出下列要求作为国家的精神的和道德的基础：

1. 由国家实行普遍的和平等的国民教育。实行普遍的义务教育。实行免费教育。"

平等的国民教育？他们怎样理解这句话呢？是不是以为在现代社会中（而所谈到的只能是现代社会）教育对一切阶级都可以是平等的呢？或者是要求用强制的方式使上层阶级也降到国民学校这种很低的教育水平，即降到仅仅适合于雇佣工人甚至农民的经济状况的教育水平呢？

【义释】 在马克思看来，在资本主义社会，实现教育对一切阶级平等，或者是要求用强制的方式使上层阶级也降到国民学校这种很低的教育水平，即降到仅仅适合于雇佣工人甚至农民的经济状况的教育水平，这简直是在与虎谋皮。教育是有阶级性的，资产阶级在其本阶级内部的教育永远是如何实行愚民、驭民，他们想统一工人阶级的思想，不令工人有其他杂思乱想，教育已经沦为既有社会结构与权力结构的维护者与辩护人。而在工人阶级内部实行的则永远是意识形态教育、奴化教育，他们通过隐蔽的方式宣扬资产阶级的文化，从精神层面奴役大众，服务于资产阶级榨取剩余价值。资产阶级除了豢养和招雇一大批文丐，为他们的合法性摇旗呐喊以外，还会通过教育的方式欺骗蒙蔽工人阶级。他们把工人阶级的孩子训练教育成永远听命顺从于他们的机器，以保证资本家的后代还是资本家，工人的后代还是工人。资产阶级通过教育这个"社会基因"，可以实现阶级的世袭，这样他们的剥削才能够世世代代地永续下去。

在《德国的革命和反革命》这部著作中，恩格斯批判了德国政府的愚民政策尤其是对教育的严格控制，导致了工人阶级对社会问题缺乏辨别力和政治上的无知，甚至都无法正确认识自身的真正利益，这也是导致德国政治发展落后的重要原因之一。恩格斯指出："在评价德国政治发展缓慢时，任何人都不应该不考虑：在德国要得到任何问题的准确信息都是困难的；在这里，一切信息的来源都在政府控制之下，从贫民学校、主日学校以至报纸和大学，没有事先得到许可，什么也不能说，不能教，不能印刷，不能发表。"比如，维也纳居民，尽管他们很多方面的能力和品质都首屈一指和卓然超群，"但他们对于自身的真正利益，却比别人无知，他们在革命中犯的错误也比别人多。这在很大程度上是由于他们对于最普通的政治问题也几乎一无所知，这是梅特涅政府实行愚民政策的结果"①。革命导师列宁也曾对资产阶级的教育做过尖锐的批判，在俄国共产主义青年团第三次代表大会上的讲话中，他指出："旧学校总是说，它要造就知识全面的人，它教的是一般科学。我们知道，这完全是撒谎，因为过去整个社会赖以生存和维持的基础，就是把人分成阶级，分成剥削者和被压迫者。自然，贯串着阶级精神的旧学校，也就只能向资产阶级的子女传授知识。这种学校里的每一句话，都是根据资产阶级的利益捏造出来的。在这样的学校里，与其说是教育工农的年轻一代，倒不如说是对他们进行符合资产阶级的利益的训练。教育这些青年的目的，就是训练对资产阶级有用的奴仆，使之既能替资产阶级创造利润，又不会惊扰资产阶级的安宁和悠闲。"②

"实行普遍的义务教育。实行免费教育。"前者甚至存在于德国，后者就国民学校来说存在于瑞士和美国。如果说，在美国的几个州里，"高一级的"学校也是"免费的"，那么，事实上这不过是从总税收中替上层阶级支付了教育费用而已。顺便指出，A项第5条所要求的"实行免费诉讼"也是如此。刑事诉讼到处都是免费的；而民事诉讼几乎只涉及财产纠纷，因而几乎只同有产阶级有关。难道他们应当用人民的金钱来打官司吗？

在关于学校的一段中，至少应当把技术学校（理论的和实践的）同国民学校联系起来提出。

"由国家实行国民教育"是完全要不得的。用一般的法律

---

① 《马克思恩格斯文集》（第2卷）人民出版社2009年版，第362页。
② 《列宁专题文集·论无产阶级政党》，人民出版社2009年版，第279—280页。

来确定国民学校的经费、教员资格、教学科目等等，并且像美国那样由国家视察员监督这些法律规定的实施，这同指定国家作为人民的教育者完全是两回事！相反，应当把政府和教会对学校的任何影响都同样排除掉。在普鲁士德意志帝国（他们会说，他们谈的是"未来国家"，但是这种空洞的遁词也无济于事；我们已经看到，这是怎样一回事了），倒是需要由人民对国家进行极严厉的教育。

【义释】这里需要注意的是，马克思认为"由国家实行国民教育"是完全要不得的。当然，马克思对此进行的解释，国家需要负担其全社会的教育费用，并进行监督，而做这些的时候应该是以立法的形式来确定和实施的，也就是说不能直接实施，必须用一般的法律。因此，反对"由国家实行国民教育"是特指反对国家作为人民的教育者。从而指出，不是国家教育人民，而应该由人民教育国家。那么反对国家教育人民，也就是要把政府和教会对学校的任何影响都排除掉。法国大革命以后的历史，证明了把教会从教育领域赶走有多么地必要，而纳粹德国的历史又从反面证明了不把政府从教育领域赶走会带来多么大的灾难。

但是整个纲领，尽管满是民主的喧嚣，却彻头彻尾地感染了拉萨尔宗派对国家的忠顺信仰，或者说感染了并不比前者好一些的对民主奇迹的信仰，或者说得更确切些，整个纲领是这两种对奇迹的信仰的妥协，这两种信仰都同样远离社会主义。

"科学自由"——普鲁士宪法中有一条就是这样写的。为什么把它写在这里呢？

"信仰自由"！如果现在，在进行文化斗争的时候，要想提醒自由主义者记住他们的旧口号，那么只有采用下面这样的形式才行：每一个人都应当有可能满足自己的宗教需要，就像满足自己的肉体需要一样，不受警察干涉。但是，工人党本来应当乘此机会说出自己的看法：资产阶级的"信仰自由"不过是容忍各种各样的宗教信仰自由而已，工人党则力求把信仰从宗教的妖术中解放出来。但是他们不愿越过"资产阶级的"水平。

【义释】马克思提醒我们，拉萨尔派的特点是充满了对国家的忠顺信仰，以及对民主奇迹的信仰，这两种信仰都远离社会主义，甚至是反社会主义的东西。

关于"科学自由"，马克思说，既然连普鲁士宪法都承认的东西，写在党的纲领有什么意义呢？

关于"信仰自由"，这里就要交代一个背景，当时俾斯麦发起了一场文化斗争，目的是把基督教会的影响力在德国社会生活中降到最低，不管这场文化斗争怎么进行，但有一点确定的原则是，信仰领域里的斗争，不能靠警察干涉来实现（俾斯麦的德国靠的恰恰就是警察干涉）。最后，作为工人阶级的政党，仅仅提出信仰自由还是远远不够的，还要在争得信仰自由的基础上，力求把信仰从宗教的妖术中解放出来。

现在我就要讲完了，因为纲领中接下去的附带部分不是纲领的重要组成部分。所以我在这里只简单地谈一谈。

125

2. "正常的工作日。"

其他任何国家的工人党都没有局限于这种含糊的要求,而总是明确地指出,在当前条件下多长的工作日是正常的。

【义释】这是令人汗颜的,不应该泛泛地谈正常的工作日,还应明确地指出在当前的历史和社会条件下它到底多长才是正常的。

3. "限制妇女劳动和禁止儿童劳动。"

如果限制妇女劳动指的是工作日的长短和工间休息等等,那么工作日的正常化就应当已经包括了这个问题;否则,限制妇女劳动只能意味着在那些对妇女身体特别有害或者对女性来说违反道德的劳动部门中禁止妇女劳动。如果指的是这一点,那就应当说清楚。

"禁止儿童劳动"!这里绝对必须指出年龄界限。

普遍禁止儿童劳动是同大工业的存在不相容的,所以这是空洞的虔诚的愿望。

实行这一措施——如果可能的话——是反动的,因为在按照不同的年龄阶段严格调节劳动时间并采取其他保护儿童的预防措施的条件下,生产劳动和教育的早期结合是改造现代社会的最强有力的手段之一。

【义释】马克思在这里坚持了在《共产党宣言》里就提出过的一个观点,即"生产劳动和教育的早期结合是改造现代社会的最强有力的手段之一"。教育要与生产劳动相结合指在儿童成长的教育过程要和社会生产劳动过程有机地结合在一起。最早是文艺复兴时期英国人文主义教育家托马斯·莫尔在其《乌托邦》中提出的儿童边学习边参加农业生产劳动的设想。英国经济学家贝勒斯在《关于创办一所一切有用的手工业和农业的劳动学院的建议》中，首次明确提出教育与体力劳动相结合的主张，具有明显的与小生产结合的性质。英国空想社会主义者欧文从科学技术进步对劳动者素质的要求出发，提出和阐述教育与生产劳动相结合的思想，并进行初步实验，但仍带有空想性质。马克思和恩格斯坚持了社会主义的这一传统，强调了教育与生产劳动相结合是改造社会的有力杠杆。革命导师列宁则继承和发展马克思主义关于教育与生产劳动相结合的思想，提出无论是普通学校还是职业技术学校，都应实施综合技术教育，使学生掌握现代生产的基本原理和基本技术。20世纪50年代，根据毛泽东同志的讲话精神，我们将"教育与生产劳动相结合"写进了党的教育方针，并纳入我国的宪法之中。在1978年的《在全国教育工作会议上的讲话》中，邓小平同志则指出："现代经济和技术的迅速发展，要求教育质量和教育效率的迅速提高，要求我们在教育与生产劳动结合的内容上、方法上不断有新的发展。"

4."对工厂工业、作坊工业和家庭工业实行国家监督。"

在普鲁士德意志这样一个国家里，应当明确地要求：工厂视察员只有经过法庭才能撤换；每个工人都可以向法庭告发视察员的失职行为；视察员必须是医生。

【义释】马克思在写作《资本论》里大量引用了英国工厂视察员的材料，在当代世界，这项工作主要由各国的劳动监察部门负责。

5."调整监狱劳动。"

在一个一般性的工人纲领里面,这是一种微不足道的要求。无论如何应当明白说出,工人们不愿意由于担心竞争而让一般犯人受到牲畜一样的待遇,特别是不愿意使他们失掉改过自新的唯一手段即生产劳动。这是应当期望于社会主义者的最低限度的东西。

【义释】这无论在当时还是现在,都是一个非常小的要求,根本不值得写进党的纲领里去。

6."实行有效的责任法。"

应当说明,"有效的"责任法是什么意思。

顺便指出,在正常的工作日这一条中,忽略了工厂立法中关于卫生设施和安全措施等等那一部分。只有当这些规定遭到破坏时,责任法才发生效力。

总之,这一附带部分也是写得很草率的。

我已经说了,我已经拯救了自己的灵魂。

【义释】马克思最后补充说,还要再强调一下工厂立法中对劳动安全健康方面的保护措施,这个"责任法"语焉不详,马克思认为应该是对单个企业的社会责任进行某种立法规定,即单个资本不能无限地榨取劳动者的人身资源和整个社会的自然资源。

需要指出的是，马克思对《哥达纲领草案》剩余部分的批判都是非常潦草的，它不值得马克思花太多的笔墨，因此马克思关于这些部分所写的批注千万不能教条地看待。

附 录[1]

---

[1] 本附录中的书信摘自《哥达纲领批判》（单行本），人民出版社2018年版。

恩格斯写的1891年版序言

这里刊印的手稿——对纲领草案的批判以及给白拉克的附信——曾于1875年哥达合并代表大会召开以前不久寄给白拉克，请他转给盖布、奥尔、倍倍尔和李卜克内西过目，然后退还马克思。既然哈雷党代表大会已把关于哥达纲领的讨论提到了党的议事日程，所以我认为，如果我还不发表这个与这次讨论有关的重要的——也许是最重要的——文件，那我就要犯隐匿罪了。

但是，这个手稿还有另外的和更广泛的意义。其中第一次明确而有力地表明了马克思对拉萨尔开始从事鼓动工作以来所采取的方针的态度，而且既涉及拉萨尔的经济学原则，也涉及他的策略。

这里用以剖析纲领草案的那种无情的尖锐性，用来表述得出的结论和揭露草案缺点的那种严厉性，——这一切在15年以后的今天再也不会伤害任何人了。地道的拉萨尔分子只是还有个别的残余存在在国外，而哥达纲领甚至也被它的那些制定者在哈雷当做完全不能令人满意的东西放弃了。

虽然如此，我还是在内容不受影响的地方，把一些涉及个人的尖锐的词句和评语删掉了，而用省略号来代替。如果马克思今天发表这个手稿，他自己也会这样做的。手稿中有些地方语气很激烈，这是由下述两种情况引起的：第一，马克思和我同德国运动的关系，比同其他任何一国运动的关系都更为密切；因此这个纲领草案中所表现的明显的退步，不能不使我们感到特别愤慨。第二，那时国际海牙代表大会闭幕才两年，我们正在同巴枯宁和他的无政府主义派进行最激烈的斗争，他们要我们对德国工人运动中发生的一切负责；因而我们不得不预先想到，他们也会把我们说成是这个纲领的秘密制定者。这些顾虑现在已经消失，保留有关词句的必要性也就随之消失。

还由于新闻出版法的缘故，有些语句也只用省略号暗示出来。在我不得不选用比较缓和的说法的地方，加上了方括号。其他地方都按手稿付印。

弗·恩格斯写于1891年1月6日　　　　原文是德文

载于1890—1891年《新时代》杂志　　中文根据《马克思恩格斯全集》
第9年卷第1册第18期　　　　　　　　德文版第22卷翻译

给威廉·白拉克的信

（1875年5月5日）

亲爱的白拉克：

下面对合并纲领的批判性批注，请您阅后转交盖布和奥尔、倍倍尔和李卜克内西过目。注意：手稿必须退还给您，以便我必要时使用。我工作太忙，已经不得不远远超过医生给我限定的工作量。所以，写这么长的东西，对我来说决不是一种"享受"。但是，为了使党内朋友们（这个通知就是为他们写的）以后不致误解我不得不采取的步骤，这是必要的。

这里指的是，在合并大会以后，恩格斯和我将要发表一个简短的声明，内容是：我们同上述原则性纲领毫不相干，同它没有任何关系。

这样做是必要的，因为在国外有一种为党的敌人所热心支持的见解——一种完全荒谬的见解，仿佛我们从这里秘密地操纵所谓爱森纳赫党的运动。例如巴枯宁还在他新近出版的一本俄文著作中要我不仅为这个党的所有纲领等等负责，甚至要为李卜克内西自从和人民党合作以来所采取的每一个步骤负责。

此外，我的义务也不容许我哪怕用外交式的沉默来承认一个我认为极其糟糕的、会使党精神堕落的纲领。

一步实际运动比一打纲领更重要。所以，既然不可能——而局势也不容许这样做——超过爱森纳赫纲领，那就干脆缔结一个反对共同敌人的行动协定。但是，制定一个原则性纲领（应该把这件事推迟到由较长时间的共同工作准备好了的时候），这就是在全世界面前树立起可供人们用来衡量党的运动水平的里程碑。

拉萨尔派的首领们靠拢我们，是因为他们为形势所迫。如果一开始就向他们声明，决不拿原则做交易，那么他们就不得不满足于一个行动纲领或共同行动的组织计划。可是并没有这样做，反而允许他们拿着委托书来出席，并且自己承认这种委托书是有约束力的，这就等于向那些本身需要援助的人无条件投降。不仅如此，他们甚至在妥协代表大会以前又召开一次代表大会，而自己的党却在事后才召开自己的代表大会。人们显然是想回避一切批评，不让自己的党有一个深思的机会。大家知道，合并这一事实本身是使工人感到满意的；但是，如果有人以为这种一时的成功不是用过高的代价换来的，那他就错了。

况且，撇开把拉萨尔的信条奉为神圣这一点不谈，这个纲领也是完全要不得的。

我将在最近把《资本论》法文版的最后几分册寄给您。排印工作因法国政府禁止而耽搁了很久。在本星期内或下星期初本书可以印完。前六分册您收到了没有？请把伯恩哈德·贝克尔的地址也告诉我，我也要把最后几分册寄给他。

人民国家报出版社有自己的习惯。例如到现在为止连一本新版的《科隆共产党人案件》也没有给我寄来。

致衷心的问候。

给奥古斯特·倍倍尔的信

（1875年3月18—28日）

亲爱的倍倍尔：

我已经接到您2月23日的来信，并且为您身体这样健康而高兴。

您问我，我们对合并这件事有什么看法？可惜我们的处境和您完全一样。无论是李卜克内西或其他什么人都没有给我们通报任何情况，因此，我们知道的也只是报纸上登载的东西，而且报纸上并没有登载什么，直到大约一星期前才登出了纲领草案。这个草案的确使我们吃惊不小。

我们党经常向拉萨尔派伸出手来，建议和解或者至少是合作，但是每次都遭到哈森克莱维尔们、哈赛尔曼们和特耳克们的无礼拒绝，因而就连每个小孩子都必然要由此得出这样一个结论：既然这些先生们现在自己跑来表示和解，那他们一定是陷入极端困难的境地了。但是，考虑到这些人的尽人皆知的本性，我们有责任利用这种困境取得一切可能的保证，使这些人无法靠损害我们党的利益在工人舆论中重新巩固他们已经动摇的地位。我们应当以极其冷淡的和不信任的态度对待他们，是否合并要看他们有多少诚意放弃他们的宗派口号和他们的"国家帮助",并基本上接受1869年的爱森纳赫纲领或这个纲领的适合目前情况的修正版。我们的党在理论方面,即在对纲领有决定意义的方面,绝对没有什么要向拉萨尔派学习的,而拉萨尔派倒是应当向我们的党学习;合并的第一个条件是,他们不再做宗派主义者,不再做拉萨尔派,也就是说,他们首先要放弃"国家帮助"这个救世良方,即使不完全放弃,也要承认它同其他许多可能采取的措施一样是个次要的过渡措施。纲领草案证明,我们的人在理论方面比拉萨尔派的领袖高明一百倍,而在政治机警性方面却差一百倍;"诚实的人"又一次受到了不诚实的人的极大的欺骗。

第一,接受了拉萨尔的响亮的但从历史的观点来看是错误的说法:对工人阶级说来,其他一切阶级只是反动的一帮。这句话只有在个别例外场合才是正确的,例如,在像巴黎公社这样的无产阶级革命时期,或者是在这样的国家,那里不仅资产阶级按照自己的形象塑造了国家和社会,而且民主派小资产阶级也跟着资产阶级彻底完成了这种变形。拿德国来说,如果民主派小资产阶级属于这反动的一帮,那么,社会民主工党怎么能够多年同他们,同人民党携手一道走呢?《人民国家报》自己的几乎全部的政治内容怎么能够取自于小资产阶级民主派的《法兰克福报》呢?怎么能够在这个纲领中列入不下七项在字句上同人民党和小资产阶级民主派的纲领完全一致的要求呢?我所指的是七项政治要求,即1—5和1—2,这七项要求中没有一项不是资产阶级民主主义的要求。

第二，工人运动的国际性原则实际上在当前完全被抛弃，而且是被五年来在最困难的情况下一直极其光荣地坚持这一原则的人们所抛弃。德国工人处于欧洲运动的先导地位，主要是由于他们在战争期间采取了真正国际性的态度；任何其他国家的无产阶级都没有能做得这样好。现在，在国外，当各国政府极力镇压在某一个组织内实现这一原则的任何尝试，而各国工人到处都极力强调这个原则的时候，竟要德国工人抛弃这个原则！工人运动的国际主义究竟还剩下什么东西呢？只剩下渺茫的希望——甚至不是对欧洲工人在今后争取解放的斗争中进行合作的希望，不是的，而是对未来的"各民族的国际的兄弟联合"的希望，是对和平同盟中的资产者的"欧洲合众国"的希望！

当然根本没有必要谈国际本身。但是，至少不应当比1869年的纲领后退一步，而大体上应当这样说：虽然德国工人党首先是在它所处的国境之内进行活动（它没有权利代表欧洲无产阶级讲话，特别是讲错误的话），但是它意识到自己和各国工人的团结一致，并且始终准备着一如既往继续履行由这种团结一致所带来的义务。即使不直接宣布或者认为自己是"国际"的一部分，这种义务也是存在着的，例如，在罢工时进行援助并阻止本国工人移居国外，设法使德国工人通过党的机关刊物了解国外的运动的情况，进行宣传反对日益迫近的或正在爆发的王朝战争，在这种战争期间采取1870年至1871年所模范地实行过的策略等等。

第三，我们的人已经让别人把拉萨尔的"铁的工资规律"

强加在自己头上，这个规律的基础是一种陈腐不堪的经济学观点，即工人平均只能得到最低的工资，之所以如此，是因为按照马尔萨斯的人口论，工人总是过多（这就是拉萨尔的论据）。但是，马克思在《资本论》里已经详细地证明，调节工资的各种规律非常复杂，根据不同的情况，时而这个规律占优势，时而那个规律占优势，所以它们绝对不是铁的，反而是很有弹性的，这件事根本不像拉萨尔所想象的那样用三言两语就能了结。拉萨尔从马尔萨斯和李嘉图（歪曲了后者）那里抄袭来的这一规律的马尔萨斯论据，例如拉萨尔在《工人读本》第5页上引自他的另一本小册子的这一论据，已被马克思在《资本的积累过程》这一篇中驳斥得体无完肤了。接受拉萨尔的"铁的规律"，也就是承认一个错误的论点和它的错误的论据。

第四，纲领把拉萨尔从毕舍那里剽窃来的"国家帮助"原封不动地提出来作为唯一的社会的要求。而在这之前，白拉克已经非常出色地指出这个要求毫无用处，并且我们党的即使不是全部，也是几乎全部的发言者在同拉萨尔分子的斗争中都已经被迫起来反对这种"国家帮助"！我们党不能比这更忍辱屈从了。国际主义竟降低到阿曼德·戈克的水平，社会主义竟降低到资产阶级共和主义者毕舍的水平，而毕舍针对社会主义者提出这个要求，是为了排挤他们！

但是，拉萨尔所说的"国家帮助"至多也只是为达到下述目的而实行的许多措施中的一个，这个目的在纲领草案中是用软弱无力的词句表述的："为了替社会问题的解决开辟道路。"好像我们还有一个在理论上没有解决的社会问题似的！所以，如果这样说：德国工人党力求通过工业和农业中的以及全国范围内的合作生产来消灭雇佣劳动从而消灭阶级差别；它拥护每一项有助于达到这一目的的措施！——那是没有一个拉萨尔分子能提出什么反驳来的。

第五，根本就没有谈到通过工会使工人阶级作为阶级组织起来。而这是非常重要的一点，因为工会是无产阶级的真正的阶级组织，无产阶级靠这种组织和资本进行日常的斗争，使自己受到训练，这种组织即使今天遇到最残酷的反动势力（像目前在巴黎那样）也决不会被摧毁。既然这一组织在德国也获得了这种重要性，我们认为，在纲领里提到这种组织，并且尽可能在党的组织中给它一个位置，那是绝对必要的。

所有这一切都是我们的人为了讨好拉萨尔派而做的。而对方做了些什么让步呢？那就是在纲领中列入一堆相当混乱的纯民主主义的要求，其中有一些是纯粹的"时髦货"，例如"人民立法"，这种制度存在于瑞士，如果它还能带来点什么东西的话，那么带来的害处要比好处多。要是说人民管理，这还有点意义。同样没有提出一切自由的首要条件：一切官吏对自己的一切职务活动都应当在普通法庭面前遵照普通法向每一个公民负责。至于在任何自由主义的资产阶级纲领中都会列入而在这里看起来有些奇怪的要求，如科学自由、信仰自由，我就不想再说了。

自由的人民国家变成了自由国家。从字面上看，自由国家就是可以自由对待本国公民的国家，即具有专制政府的国家。

应当抛弃这一切关于国家的废话，特别是出现了已经不是原来意义上的国家的巴黎公社以后。无政府主义者用"人民国家"这个名词把我们挖苦得很够了，虽然马克思驳斥蒲鲁东的著作和后来的《共产主义宣言》都已经直接指出，随着社会主义社会制度的建立，国家就会自行解体和消失。既然国家只是在斗争中、在革命中用来对敌人实行暴力镇压的一种暂时的设施，那么，说自由的人民国家，就纯粹是无稽之谈了：当无产阶级还需要国家的时候，它需要国家不是为了自由，而是为了镇压自己的敌人，一到有可能谈自由的时候，国家本身就不再存在了。因此，我们建议把"国家"一词全部改成"共同体"〔Gemeinwesen〕，这是一个很好的古德文词，相当于法文的"公社"。

用"消除一切社会的和政治的不平等"来代替"消灭一切阶级差别"，这也很成问题。在国和国、省和省、甚至地方和地方之间总会有生活条件方面的某种不平等存在，这种不平等可以减少到最低限度，但是永远不可能完全消除。阿尔卑斯山的居民和平原上的居民的生活条件总是不同的。把社会主义社会看做平等的王国，这是以"自由、平等、博爱"这一旧口号为根据的片面的法国人的看法，这种看法作为当时当地一定的发展阶段的东西曾经是正确的，但是，像以前的各个社会主义学派的一切片面性一样，它现在也应当被克服，因为它只能引起思想混乱，而且因为这一问题已经有了更精确的叙述方法。

我不再写下去了，虽然在这个连文字也写得干瘪无力的纲领中差不多每一个字都应当加以批判。它是这样一种纲领，一旦它被通过，马克思和我永远不会承认建立在这种基础上的新党，而且我们一定会非常严肃地考虑，我们将对它采取（而且还要公开采取）什么态度。请您想想，在国外人们是要我们为德国社会民主工党的一切言行负责的。例如，巴枯宁在他的著作《国家制度和无政府状态》中要我们替《民主周报》创办以来李卜克内西所说的和所写的一切不加思考的话负责。人们就是以为，我们在这里指挥着一切，可是您和我都知道得很清楚，我们几乎从来没有对党的内部事务进行过任何干涉，如果说干涉过的话，那也只不过是为了尽可能改正在我们看来是错误的地方，而且仅仅是理论上的。但是您自己会理解，这个纲领将成为一个转折点，它会很容易地迫使我们拒绝同承认这个纲领的政党一道承担任何责任。

一般说来，一个政党的正式纲领没有它的实际行动那样重要。但是，一个新的纲领毕竟总是一面公开树立起来的旗帜，而外界就根据它来判断这个党。因此，新的纲领无论如何不应当像这个草案那样比爱森纳赫纲领倒退一步。我们总还得想一想，其他国家的工人对个纲领将会说些什么；整个德国社会主义无产阶级向拉萨尔主义的这种投降将会造成什么印象。

同时我深信，在这种基础上的合并连一年也保持不了。难道我们党的优秀分子会愿意不断地重复拉萨尔关于铁的工资规律和国家帮助那一套背熟了的词句吗？我想看看比如您在这种情况下的态度！而如果他们这样做，他们的听众就会向他们喝倒彩。而且我相信，拉萨尔派会死抱住纲领的这些条文不放，就像犹太人夏洛克非要他那一磅肉不可。分裂是一定会发生的；但是到那时我们想必已经使哈赛尔曼、哈森克莱维尔和特耳克及其同伙重新获得"诚实的"名声；分裂以后，我们将被削弱，而拉萨尔派将会增强；我们的党将丧失它的政治纯洁性，并且再也不可能有力地反对它自己一度写在自己旗帜上的拉萨尔词句；如果拉萨尔派以后又说：他们是真正的和唯一的工人党，我们的人是资产者，那么，他们是可以拿这个纲领来证明的。纲领中的一切社会主义措施都是他们的，我们的党除了小资产阶级民主派的一些要求以外就什么东西也没有添进去，而小资产阶级民主派又被这个党在同一个纲领中说成"反动的一帮"的一部分！

我把这封信搁下来，是因为您在4月1日庆祝俾斯麦生辰那一天才会被释放，而我是不愿意让这封信去冒暗中传送时被搜去的危险的。刚刚接到了白拉克的信，他对这个纲领也有很大的疑虑，他想知道我们的意见。因此，我把这封信寄给他，由他转寄，这样他也可以看一下此信，而我就用不着把这件麻烦事全部重写一遍。此外，我也把真相告诉了朗姆，我给李卜克内西只是简单地写了几句。我不能原谅他，因为关于全部事件直到可以说太迟的时候他还连一个字也没有告诉我们（而朗姆和其他人以为他已经详细地通知我们了）。虽说他从来就是这样做的——因此，我们，马克思和我，同他进行了多次不愉快的通信——，而这一次他做得实在太不像话了，我们坚决不和他一起走。

希望您设法夏天到这里来，当然您将住在我这里，如果天气好，我们可以去洗几天海水浴，这对于过了很久牢狱生活的您一定颇有裨益。

致友好的问候。

注：马克思刚刚搬了家。他的住址是：伦敦西北区梅特兰公园月牙街41号。

致威廉·白拉克

（1875年10月11日）

亲爱的白拉克：

您最近几封来信（最后一封是6月28日）我拖到现在才回复，第一因为马克思和我有六个星期不在一起，他在卡尔斯巴德，我在海边，我在那里看不到《人民国家报》；第二因为我想稍微等一下，看看新的合并和联合委员会的实际情况如何。

我们完全同意您的看法，李卜克内西热衷于实行合并，为了合并不惜任何代价，结果把事情全搞糟了。本来可以认为这是必要的，但是不必向对方说出来或表示出来。而说出来以后，就不得不总是拿一个错误为另一个错误辩护。既然合并代表大会已经在腐朽的基础上召开了并且也四处宣扬了，他们就无论如何不愿意让它失败，从而不得不在本质问题上再次作出让步。您说得完全对：这种合并本身包含着分裂的萌芽。如果以后分离出去的只是不可救药的狂热分子，而不包括其他的所有追随者，我将感到高兴，因为这些追随者本来很干练，经过良好的教育是可以成为有用的人的。这要取决于这件不可避免的事情发生的时间和条件。

经过最后审订的纲领包括三个组成部分：

1. 拉萨尔的词句和口号，这些在任何条件下都不应接受。如果两个派别合并，那么写入纲领的应该是双方一致同意的东西，而不是有争论的东西。然而我们的人竟容许了这些，心甘情愿地通过了卡夫丁轭形门；

2. 一系列庸俗民主主义的要求，这些要求是按照人民党的精神和风格拟出的；

3. 一些所谓共产主义的原理，它们多半从《宣言》中抄来，但作了修改，仔细一看，全都是些令人发指的谬论。如果不懂得这些东西，那就不要动它们，或者把它们从那些被公认为懂得这些东西的人那里一字不差地抄下来。

幸而这个纲领的遭遇比它应该有的遭遇要好些。工人、资产者和小资产者在其中领会出它本来应该有但现在却没有的东西，任何一方面的任何一个人都没有想到去公开分析这些奇妙的词句中任何一句的真实内容。这就使我们可以对这个纲领保持沉默。同时，这些词句不能译成任何一种外文，除非硬写成明显的胡言乱语，或者是给它们掺进共产主义的含义，而朋友和敌人都是采取后一种做法的。我自己在为我们的西班牙朋友翻译这个纲领时就不得不这样做。

就我所看到的委员会的活动来说，不是令人欣慰的。第一，针对您的著作和伯·贝克尔的著作所采取的行动；如果说它没有得逞，这与委员会无关。第二，宗内曼（马克思在旅途中曾遇到他）说，他曾建议瓦尔泰希为《法兰克福报》写通讯，但是委员会禁止瓦尔泰希接受这个建议！这比书报检查制度还要厉害，我不明白瓦尔泰希怎么能容忍这种禁令。真蠢！

148

他们倒是应该设法使《法兰克福报》在德国各地都有我们的人为它服务！最后，拉萨尔派的成员在建立柏林联合印刷所方面的行动，在我看来也不是很有诚意的：我们的人在莱比锡印刷所轻信地赋予该委员会以监督委员会的职能以后，他们在柏林才被迫这样做。不过，我对这方面的详情不十分了解。

委员会的活动很少，而且正像卡·希尔施（他前几天在这里）所说的，它只是作为通讯和问讯机关混日子，这倒也好。委员会任何积极的干预只会加速危机的到来，看来人们也感到了这一点。

同意在委员会中有三个拉萨尔分子和两个我们的人，这是何等的软弱！

总之，我们算是走过来了，尽管损失是严重的。我们希望，就这样维持下去，同时在拉萨尔派中间的宣传能起到作用。如果能维持到下届帝国国会选举，情况就会好转。不过，到时施梯伯和泰森多夫将全力以赴地进行活动，那时候就会看清哈赛尔曼和哈森克莱维尔是些什么东西。

马克思从卡尔斯巴德回来了，完全成了另外一个人，强壮有力、容光焕发、精神饱满、身体健康，很快就能够重新全力投入工作。他和我衷心问候您。方便时，请告诉我们这件事后来的发展情况。莱比锡人全都同这件事有很深的关系，所以不向我们说明真相，而党的内部事情正是现在更加不公开了。

致奥古斯特·倍倍尔

（1875年10月12日）

亲爱的倍倍尔：

您的来信完全证实了我们的看法：这种合并从我们这方面来说是太轻率了，而且它本身就包含着将来分裂的萌芽。如果这种分裂能推迟到下届帝国国会选举以后，那就很好了……

现在的这个纲领包括三个部分：

（1）拉萨尔的词句和口号，接受这些东西是我们党的一种耻辱。如果两派想就共同的纲领达成一致，那就应当把双方一致同意的东西写入纲领，而不涉及双方不一致的地方。诚然，拉萨尔的国家帮助也曾列入爱森纳赫纲领，但是，在那里它不过是许多过渡措施中的一个，而且就我所听到的一切来看，可以相当肯定地说，要不是合并，它就会在今年的代表大会上根据白拉克的提案被删掉了。现在它却被看做医治一切社会病症的万无一失的和唯一的良药。让别人把"铁的工资规律"和拉萨尔的其他词句强加在自己头上，这是我们党在道义上的一次巨大失败。我们的党改信拉萨尔的信条了。这是怎么也否认不了的。纲领的这一部分是卡夫丁轭形门，我们党就从这下面爬向神圣拉萨尔的赫赫声名。

（2）民主要求，这些要求完全是按照人民党的精神和风格拟出的。

（3）向"现代国家"提出的要求（不知道其余的"要求"究竟应当向谁提），这些要求是非常混乱和不合逻辑的。

（4）一般性的论点，多半是从《共产主义宣言》和国际的章程中抄来的，但是修改得不是把内容全部弄错，就是变成了纯粹的谬论，正如马克思在您熟知的那篇文章中所详细指出的那样。

整个纲领都是杂乱无章、混乱不堪、毫无联系、不合逻辑和丢人现眼的。要是资产阶级新闻出版界有一个有批判头脑的人，他就会把这个纲领逐句加以研究，弄清每句话的真实含义，极其明确地指出荒诞无稽的地方，揭露出矛盾和经济学上的错误（例如，其中说劳动资料今天为"资本家阶级所垄断"，似乎地主已经不存在了；不说工人阶级的解放，而胡说"劳动的解放"，其实劳动本身在今天恰恰是过分自由了！），从而把我们的整个党弄得非常可笑。资产阶级新闻出版界的蠢驴们没有这样做，反而以非常严肃的态度来对待这个纲领，领会出其中所没有的东西，并作了共产主义的解释。工人们似乎也是这样做的。仅仅是由于这种情况，马克思和我才没有公开声明这个纲领同我们毫无关系。当我们的敌人和工人都把我们的见解掺到这个纲领中去的时候，我们可以对这个纲领保持沉默。

如果您对人事问题上的结果感到满意，那就是说，我们这方面的要求一定已降得相当低了。两个是我们的人，三个是拉萨尔分子！因此，在这里，我们的人也不是享有平等权利的同盟者，而是战败者，并且从一开始就决定了要处于少数地位。委员会的活动，就我们所知道的来说，也不是令人欣慰的：（1）通过决议，不把白拉克的和伯·贝克尔的关于拉萨尔主义的两本著作收进党的文献目录；至于这个决议又被撤销了，这与委员会无关，也与李卜克内西无关。（2）禁止瓦尔泰希接受宗内曼向他提出的担任《法兰克福报》通讯员的建议。这是宗内曼亲自告诉路过那里的马克思的。使我感到惊奇的，与其说是委员会的妄自尊大和瓦尔泰希对委员会不是嗤之以鼻而是唯命是从，不如说是这项决议的极端愚蠢。委员会倒是应该设法使得像《法兰克福报》那样的报纸在各地都只由我们的人为它服务。

……这整个事件是一次富有教育意义的试验，它即使在这种情况下也还有希望取得极其有利的结果，在这一点上，您是完全正确的。这样的合并只要能维持两年，就是一个很大的成功。但是，它无疑是可以用小得多的代价取得的。

致卡尔·考茨基

（1891年1月7日）

亲爱的考茨基：

昨天我给你挂号寄去了马克思的手稿，这份手稿想必会使你感到高兴。我怀疑这份手稿在神圣的德意志帝国能否照原样发表。请你从这个角度看一遍，把使你担心而又可以删略的地方删掉，用省略号代替。至于从上下文来看不能删略的地方，请你在长条校样上标出，尽可能用几句话把你担心的理由告诉我，我再酌情处理。改动的地方我要加上括号，并在我的序言中说明：这是改动过的地方。因此，请把长条校样寄来！

但是，发表这份手稿，除了警察当局，可能还有其他人不高兴。如果你认为不得不考虑这一情况，那就请你把手稿挂号转寄给阿德勒。在维也纳那里，大概可以全文刊印（可惜，关于宗教需要的精彩地方除外），而且无论如何会刊印出来。不过，我想，在这里把我的这个十分坚定的意图告诉你，就会使你完全避免任何可能的非难。既然你们反正不能阻止手稿的发表，那么，在德国本国，在专门为了刊登这类东西而创办的党的机关刊物《新时代》上发表，岂不好得多。

为了给你准备好这份手稿，我中断了关于布伦坦诺的写作；因为我在这篇著作中需要利用手稿中关于"铁的工资规律"的评述，而且无须费很大气力就可以同时把全部手稿整理付印。我原想在本周内搞完布伦坦诺，但是又来了这么多事，又要处理这么多信，恐怕搞不完了。

如果有什么困难，请通知我。……

致卡尔·考茨基

（1891年1月15日）

亲爱的男爵：

你从随信寄去的校样中可以看出，我不是不近人情的，甚至还在序言中加了几滴使人镇静的吗啡和溴化钾，希望这会对我们的朋友狄茨的忧伤心情起到充分的缓解作用。今天我就给倍倍尔写信。以前我没有同他谈过这件事，因为我不愿意使他在李卜克内西面前感到为难。否则，倍倍尔就有责任把这件事告诉李卜克内西，而李卜克内西——从他在哈雷所作的关于党纲的讲话来看，他从手稿中作了一些摘录——会采取一切办法阻挠手稿发表。

如果"像满足自己的肉体〈需要〉一样满足自己的宗教〈需要〉"这句话在文中不能完整保留，那就把加了着重号的字删掉，用省略号代替。这样，暗示就会更加微妙，而且仍然十分清楚。但愿这样一来，就不会引起疑虑了。

其他地方，我都按你和狄茨的要求做了，而且你看，甚至比你们要求的还多。……

致卡尔·考茨基

（1891年2月3日）

亲爱的考茨基：

你以为，马克思的文章发表以后，给我们的信件会接连不断地飞来。恰恰相反，我们什么也没有听到，什么也没有看到。

星期六，我们没有收到《新时代》，我立刻就想到是否又出了什么事情。星期日，爱德来到这里，并把你的信给我看了。我当时以为，压制的手法还是得逞了。星期一，这一期《新时代》终于收到了，不久以后，我发现《前进报》也转载了这篇文章。

既然反社会党人法式的强制措施没有奏效，这一大胆的步骤就成为这些人所能采取的上策。而且，这一步骤还有一个好处：它在很大程度上填平了奥古斯特由于最初的惊恐所谈到的那个难以逾越的鸿沟。不管怎样，产生这种惊恐，主要是因为担心文章发表后敌人会借机搞什么名堂。此文在正式机关报上转载，会削弱我们敌人的进攻锋芒，也使我们能够这样讲：请看，我们是怎样自己批评自己的，我们是唯一能够这样做的政党；你们也这样试试看吧！这也正是这些人一开始就应该采取的正确立场。

因此，人们也很难对你进行惩罚。我请你在必要时把手稿寄给阿德勒，一方面是要对狄茨施加压力，另一方面也是要为你解脱责任，因为我在一定程度上使你没有选择的余地。我也给奥古斯特写了信，说明全部责任由我一人承担。

如果还有什么人负有责任的话，那就是狄茨。他知道，在这类事情上，我对他总是好商量的。我不仅满足了他的全部要求，把他提出的地方都改得缓和了，甚至还把另外一些地方也改得缓和了。如果他标出更多的地方，也会给予考虑。但是，狄茨没有提出异议的地方，为什么我不保留下来呢？

其实，在最初的惊恐之后，除了李卜克内西，大多数人都会感谢我发表这篇东西。它使未来的纲领免除任何不彻底性和空洞的言词，并且提出了他们中间大多数人未必敢于主动提出的无可争辩的论据。人们不会责备他们在反社会党人法实施期间没有修改这个不好的纲领，因为他们当时不能这样做。而现在，他们自己放弃了这个纲领。至于15年前实行合并时，他们表现得很愚蠢，受了哈赛尔曼等人的蒙骗，这一点，老实说，他们现在满可以坦率地承认。总之，纲领的三个组成部分，即地道的拉萨尔主义、人民党的庸俗民主主义、谬论，并没有因为它们作为党的正式纲领保留了15年之久而变得好些。如果今天还不能公开指出这一点，那要等到什么时候呢？

要是听到什么新消息，请告诉我们。多多问候。

致弗里德里希·阿道夫·左尔格

（1891年2月11日）

亲爱的左尔格：

……在《新时代》上发表的马克思的文章，你已经读过了。这篇文章起初使德国社会党的当权者们大为恼火，不过现在看来已稍微平息了。相反地，在党内——老拉萨尔分子除外——这篇文章却很受欢迎。维也纳《工人报》（你将在下一次邮班收到）驻柏林记者简直要感谢我为党做了这件事（据我猜测，是阿道夫·布劳恩，他是维克多·阿德勒的内弟，李卜克内西在《前进报》的助理编辑）。李卜克内西当然要大发雷霆，因为整个批判就是针对他的，而且正是他伙同好男色的哈赛尔曼一起炮制了这个腐朽的纲领。我很理解人们最初的惊恐，这些人以前总是要求"同志们"只能最温和地对待他们，而现在他们竟受到这样无礼的对待，连他们的纲领也被斥为十足的荒谬。在整个事件中表现得很勇敢的卡尔·考茨基在给我的信中说：党团打算发表一项声明，说明发表马克思这篇文章事先没有通知他们，他们不赞成发表。他们愿意这样做，就这样做吧。但是，如果党内赞成这篇文章的呼声日益增高，如果他们认识到,"这会给敌人提供反对我们自身的武器"的叫嚷是没有多大价值的,那么这件事大概也就搞不成了。

在此期间,我受到了这些先生们的抵制,这倒也好,因为可以使我少浪费一些时间。反正这种状况不会持续很久了。……

致卡尔·考茨基

（1891年2月11日）

亲爱的考茨基：

十分感谢你的两封来信。倍倍尔和席佩耳的信现附回。

柏林人对我的抵制还没有停止，我一封信也没有收到，他们显然还没有作出决定。然而，《汉堡回声报》发表了一篇社论。如果考虑到这些人还受到拉萨尔主义的强烈影响，甚至还坚信既得权利体系，那么，这篇社论写得还是很不错的。我从这篇文章和《法兰克福报》还得出这样一个结论：敌对报刊的攻击即使还没有精疲力竭，也已经达到了顶点。只要顶住这种冲击——据我看，直到现在这种冲击是很软弱的——，人们就能从最初的惊恐中镇静下来。但是，阿德勒的驻柏林记者（阿·布劳恩？）却因为我发表这份手稿简直要向我表示感谢。再有两三起这样的反应，反抗就会减弱。

1875年5—6月，有人对倍倍尔有意地隐瞒并扣压了这份文件，这在倍倍尔告诉我他的出狱日期是4月1日时，我马上就清楚了。我还写信对他说，如果没有发生"什么不好的情况"，他应该看到这份文件。对这个问题，如有必要，我将在适当时候要求对我作出答复。这个文件长期在李卜克内西手里，白拉克费了好大劲才从他那里要了回来。李卜克内西想把这个文件一直保留在自己手里，以便在最后修改纲领时加以利用。至于如何利用，现在已经很清楚了。

请把拉法格的文章的手稿按挂号印刷品寄给我，我来处理这件事。另外，他的关于帕德莱夫斯基的文章写得很好，对于纠正《前进报》对法国政治的歪曲报道很有用处。总之，威廉在这方面很不走运。他到处吹捧法兰西共和国，而他自己请的特约记者盖得却到处贬低法兰西共和国。

据席佩耳说，党团准备发表一项声明，对此我毫不在乎。如果他们愿意，我准备向他们申明：我没有向他们请示的习惯。至于发表这份手稿他们高兴与否，这跟我毫不相干。我乐意为他们保留就这个或那个问题表示异议的权利。如果情况没有发展到我非对声明表态不可，我是根本不想去答复的。我们就等着看吧。

我也不准备为此给倍倍尔写信，因为：第一，他本人应该先告诉我，他对这个问题的最后意见是怎样的；第二，党团的每一项决议都是全体成员签名的，不管表决时是否每个成员都表示赞成。不过，如果倍倍尔以为我会让自己卷入一场不愉快的论战，那他就错了——除非他们首先说了一些我不能置之不理的谎言等等。相反地，我确实是满心希望和解，根本没有任何理由发火，我渴望架设任何一种桥梁——浮桥、机架桥、铁桥或石桥，甚至是金桥，以便跨越倍倍尔从远处隐约看到的可能存在的深渊或鸿沟。

真奇怪！现在席佩耳说许多老拉萨尔分子以自己的拉萨尔主义感到自豪，而他们在这里时却异口同声地断言：在德国再没有拉萨尔分子了！这种说法正是使我打消某些疑虑的一个主要原因。而现在倍倍尔也认为，许多好同志受到很大伤害。既然这样，他们当时就应该把情况如实地[告诉]我。

而且，如果在15年后的今天，还不能直截了当地谈论拉萨尔在理论上的胡诌和妄测，那要等到什么时候呢？

然而，当时由于反社会党人法的存在，党本身及其执行委员会、党团等等，除了因为通过这样一个纲领而受到谴责（而这是无法逃避的），没有受到任何其他谴责。在这项法令实施期间，根本谈不上修改纲领的问题。而法令一废除，修改纲领的问题就提到日程上来了。那么，他们还要怎样呢？

另外，还必须使人们不再总是客客气气地对待党内的官吏——自己的仆人，不再像对待绝对正确的官僚那样对他们百依百顺，而不进行批评。

致卡尔·考茨基

（1891年2月23日）

亲爱的考茨基：

我前天仓促发出的贺信，你大概已经收到了。现在还是言归正传，谈谈马克思的信吧。

担心这封信会给敌人提供武器，是没有根据的。恶意的诽谤当然是借任何事由都可以进行的。但是总的说来，这种无情的自我批评引起了敌人极大的惊愕，并使他们产生这样一种感觉：一个能够这样做的党该具有多么大的内在力量啊！这一点，从你寄给我的（多谢！）和我从别处得到的敌人的报纸上可以看得很清楚。坦白地说，这也是我发表这个文件的用意。我知道，这个文件最初一定会使某些人感到很不愉快，但这是不可避免的，在我看来，文件的具体内容绰绰有余地补偿了这一点。同时我知道，党很坚强，能够经受得住这件事，而且我估计，党在目前也会经受得住这种在15年前使用的直率的语言，人们会怀着应有的自豪心情提到这次力量的检验，并且说：哪里还有另外一个政党敢于这样做呢？其实，这一点已经由萨克森的《工人报》、维也纳的《工人报》以及《苏黎世邮报》说了。

你在《新时代》第21期上承担起发表的责任,你这样做是很值得称赞的,但是不要忘记,第一个推动力毕竟是我给的,而且在某种程度上是我使你没有选择的余地。所以我要承担主要的责任。至于细节,在这方面总是会有不同意见的。你和狄茨提出异议的每一个地方,我都已经删去和修改了,即使狄茨标出更多的地方,我也会尽可能地考虑,我总是向你们证明我是好商量的。至于说到主要问题,那么我的责任就是:纲领一提出讨论,就发表这份手稿。况且,李卜克内西在哈雷作了报告,在这个报告中他一方面把抄自马克思手稿的东西放肆地当做自己的加以利用,一方面不指名地对这份手稿进行攻击。马克思如果还在世,一定会拿自己的原稿来同这种篡改进行对证,而我是有义务替他做这件事的。可惜,那时我手头还没有这个文件;我只是在找了很久以后才找到的。

你说,倍倍尔写信告诉你,马克思对拉萨尔的态度激起了老拉萨尔分子的恼怒。这是可能的。这些人并不知道事实经过,看来在这方面也没有对他们作过什么解释。拉萨尔的整个伟大名声是由于马克思容忍他多年来把马克思的研究成果当作自己的东西来装饰门面,而且因为缺乏经济学素养还歪曲了这些成果,如果这些人不了解这一点,那并不是我的过错。但是,我是马克思的著作方面的遗嘱执行人,所以我也是有义务的。

拉萨尔属于历史已有26年了。如果他在非常法时期没有受到历史的批判,那么现在终于到了必须进行这种批判并弄清拉萨尔对马克思的态度的时候了。掩饰拉萨尔的真实面目并把他捧上天的那种神话，决不能成为党的信条。无论把拉萨尔对运动的功绩评价得多么高，他在运动中的历史作用仍然具有两重性。同社会主义者拉萨尔形影不离的是蛊惑家拉萨尔。透过鼓动者和组织者拉萨尔，到处显露出一个办理过哈茨费尔特诉讼案的律师面孔：在手法的选择上还是那样无耻，还是那样喜欢把一些声名狼藉和卖身求荣的人拉在自己周围，并把他们当作单纯的工具加以使用，然后一脚踢开。1862年以前，他实际上还是一个具有强烈的波拿巴主义倾向的、典型普鲁士式的庸俗民主主义者（我刚才看了他写给马克思的那些信），由于纯粹个人的原因，他突然来了个转变，开始了他的鼓动工作。过了不到两年，他就开始要求工人站到王权方面来反对资产阶级，并且同品质和他相近的俾斯麦勾结在一起，如果他不是侥幸恰好在那时被打死，那就一定会在实际上背叛运动。在拉萨尔的鼓动著作中，从马克思那里抄来的正确的东西同他自己的通常是错误的论述混在一起，二者几乎不可能区分开来。由于马克思的批判而感到自己受了伤害的那一部分工人，只了解拉萨尔两年的鼓动工作，而且还是戴着玫瑰色眼镜来看他的鼓动工作的。但是在这种偏见面前，历史的批判是不能永远保持毕恭毕敬的姿态的。我的责任就是最终揭示马克思和拉萨尔之间的关系。这已经做了，我暂时可以因此而感到满足。况且我自己现在还有别的事情要做。而已经发表的马克思对拉萨尔的无情批判，本身就会产生应有的影响并给别人以勇气。但是，假如情况迫使我非讲话不可，我就没有选择的余地：我只有一劳永逸地肃清有关拉萨尔的神话了。

在国会党团里有人叫嚷要对《新时代》进行检查，这确实太妙了。这是反社会党人法时期国会党团独裁（这种独裁当时是必要的而且实行得很好）的幽灵再现呢，还是对冯·施韦泽过去的严密组织的留恋？在德国社会主义科学摆脱了俾斯麦的反社会党人法以后，又要把它置于一个由社会民主党的机关自己炮制和实施的新的反社会党人法之下，这实在是个绝妙的想法。但是，大自然不会让树木长得戳破了天。

《前进报》上的文章对我没有什么触动。我将等待李卜克内西说明事情的经过，然后再用尽可能友好的语调对二者一并答复。对《前进报》上的文章，只要纠正几个错误的说法（例如，说我们本来不愿意合并，事实证明了马克思不正确等等），并肯定那些不言而喻的东西就行了。如果不再发生新的攻击或出现错误的论断迫使我进一步采取行动，我想，从我这方面来说就以这个答复来结束这场争论。

请告诉狄茨，我正在整理《起源》。可是今天费舍来信，又要我写三篇新的序言！

致弗里德里希·阿道夫·左尔格

（1891年3月4日）

亲爱的左尔格：

你2月19日的来信收到了。在这期间，关于社会民主党国会党团对于在《新时代》上发表马克思关于纲领的信深为不满一事，你大概已经听到很多了。这件事尚未平息。我暂且让这些人出出丑，而在这方面，李卜克内西在《前进报》上的表现令人担忧。到时候，我当然要作出答复，但不会进行不必要的争吵，不过没有一点儿讽刺也未必能行。自然，所有在理论方面值得重视的人都站在我这一边——只有倍倍尔我不得不排除在外，他确实不是完全没有根据地感觉受到我的伤害，但这是不可避免的。我由于工作太忙已经有一个月没有看《人民报》了，所以不知道这件事在美国有没有什么激烈的反应。在欧洲，拉萨尔派的残余大发雷霆，这样的人在你们那里也够多的。

恩格斯致奥古斯特·倍倍尔

（1891年5月1—2日）

亲爱的倍倍尔：

……我不得不再一次——但愿是最后一次——谈谈马克思的纲领批判。"对发表纲领批判这件事本身，谁也不会反对"，这种说法我不同意。李卜克内西永远也不会甘心情愿地同意发表，而且还要千方百计地加以阻挠。1875年以来，这个批判对他一直是如鲠在喉，只要一提到《纲领》，他就想起这个批判。他在哈雷的讲话通篇都是围绕着这个批判的。他在《前进报》上发表的那篇装腔作势的文章，只不过表明这个批判使他感到良心不安。的确，这个批判首先是针对他的。从这个合并纲领的腐朽的方面来看，我们过去认为他是该纲领的炮制者，而且我至今还这样认为。正是这一点使我毅然采取单独行动。如果我能只同你一个人讨论一下这个文件，然后立即把它寄给卡·考茨基发表，我们两小时就能谈妥。但我认为，在这种情况下，从个人关系和党的关系来考虑，你还必须征求李卜克内西的意见。而这会引起什么后果，我是清楚的。或者是文件不能发表，或者，如果我坚持要发表的话，那就要发生公开争吵,至少是在一个时期内,而且和你也要争吵。我并没有说错,下述一点可以证明:你是[1875年]4月1日出狱的,而文件上所注的日期是5月5日,所以,如果没有其他的解释,那显然是有意向你隐瞒了这个文件,而这只能是李卜克内西干的。但是,你为了和睦相处竟容忍他到处撒谎,说你因为坐牢而没有看到这个文件。同样,为了避免在执行委员会发生争执,在这个文件发表以前,看来你也得考虑李卜克内西的意见。我认为这也是可以理解的,但是,希望你也能理解,我得考虑到事情可能发生的变化。

我刚才又把这篇东西看了一遍。再删去一些可能也无碍大体。但可删的肯定不多。当时的情况怎样呢?草案一经你们的全权代表通过,事情就已成定局,对这一点,我们了解得并不比你们差,也不比例如我查到的1875年3月9日《法兰克福报》所了解的差。因此,马克思写这个批判只是为了使自己心安,丝毫不指望有什么效果,正如结尾的一句话所说的:我已经说了,我已经拯救了自己的灵魂。所以,李卜克内西大肆宣扬的"绝对不行"只不过是夸口而已,这一点他本人也很清楚。既然你们在推选你们的代表时犯了个大错误,继而为了不损害整个合并事业又不得不吞下这个纲领,那么你们确实也不能反对在15年后的今天把你们在最后决定以前得到的警告公布于众。这样做,既不会使你们成为蠢人,也不会使你们成为骗子,除非你们奢望你们的正式言行绝对不犯错误。

诚然,你没有看过这个警告。而且报刊也谈到过这一点,因此,比起看过这个警告而仍然同意接受该草案的那些人,你的处境就非常有利。

我认为附信十分重要，信中阐述了唯一正确的政策。在一定的试行期间采取共同行动，这是唯一能使你们避免拿原则做交易的办法。但是李卜克内西无论如何不想放弃促成合并的荣誉，令人诧异的只是，他那时候没有作出更大的让步。他早就从资产阶级民主派那里接受了地地道道的合并狂热，并且一直抱住不放。

拉萨尔派之所以靠拢我们，是因为他们不得不这样做，是因为他们那一派已全部瓦解，是因为他们的首领都是些无赖或蠢驴，群众不愿意再跟他们走了，——所有这一切今天都可以用适当的缓和的形式讲出来。他们的"严密组织"已自然而然地彻底崩溃。因此，李卜克内西以拉萨尔派牺牲了他们的严密组织为理由——事实上他们已没有什么可牺牲的了——来替自己全盘接受拉萨尔信条进行辩解，这是很可笑的！

纲领中这些含糊和混乱的词句是从哪里来的，你感到奇怪。其实，所有这些词句正是李卜克内西的化身。为此，我们跟他已争论了多年，他却沉醉于这些词句中。他在理论问题上从来是含糊不清的，而我们的尖锐措辞直到今天还使他感到恐惧。可是，他作为人民党的前党员，至今仍然喜欢那些包罗万象而又空洞无物的响亮词句。过去，那些头脑不清楚的法国人、英国人和美国人，由于不善于更好地表达自己的思想，谈到"劳动的解放"而没有谈到工人阶级的解放，甚至国际的文件有些地方也不得不使用文件对象的语言，这就成了李卜克内西强使德国党沿用这种陈旧用语的充足根据。绝对不能说他这是"违背自己的见解",因为他确实也没有更多的见解,而且他现在是否就不处于这种状态,我也没有把握。总之,他至今还常常使用那些陈旧的含糊不清的术语,——自然,这种术语用来夸夸其谈倒是方便得多。由于他自以为十分通晓的基本民主要求对他而言至少像他不完全懂得的经济学原理同样重要,所以,他的确真诚地相信:他同意接受拉萨尔信条,以换取基本民主要求,是做了一桩好买卖。

至于对拉萨尔的攻击,我已经说过,对我来说这也是极为重要的。由于接受了拉萨尔经济学方面的全部基本用语和要求,爱森纳赫派事实上已成了拉萨尔派,至少从他们的纲领来看是如此。拉萨尔派所能够保留的东西一点也没有牺牲,的确一点也没有牺牲。为了使他们获得圆满的胜利,你们采用了奥多尔夫先生用来进行道德说教并赞扬拉萨尔的押韵词句做你们的党歌。在反社会党人法实施的13年内,在党内反对对拉萨尔的崇拜当然没有任何可能。这种状况必须结束,而我已经开了头。我再也不容许靠损害马克思来维持和重新宣扬拉萨尔的虚假声誉。同拉萨尔有过个人交往并崇拜他的人已经寥寥无几,而所有其他的人对拉萨尔的崇拜纯系人为的,是由于我们违心地对此采取沉默和容忍的态度造成的,因此,这种崇拜甚至也不能以个人感情来解释。既然手稿是发表在《新时代》上,也就充分照顾了缺乏经验的和新的党员。但是,我决不能同意:在15年极其耐心的等待之后,为了照顾一时的需要和避免党内可能出现的不满而把关于这些问题的历史真相掩盖起来。这样做,每次总得要触犯一些善良的人,这是不可避免的,而他们对此要大发怨言，这也是不可避免的。在此以后，如果他们说什么马克思妒忌拉萨尔，而德国报刊，甚至（！！）《先驱报》芝加哥（该报是为在芝加哥的地道的拉萨尔派办的，他们的数目比整个德国的拉萨尔派还要多）也都随声附和，这对我来说也没有什么了不起，还抵不上跳蚤咬一口。他们公开指责我们的岂止这些，而我们还是该做什么就做什么。马克思严厉地谴责了神圣的斐迪南·拉萨尔，为我们提供了范例，这在目前已经足够了。

再者，你们曾企图强行阻止这篇文章发表，并向《新时代》提出警告：如再发生类似情况，可能就得把《新时代》移交给党来管理并对它进行检查。从那时起，由党掌握你们的全部刊物的做法，不由得使我感到离奇。既然你们在自己的队伍中实施反社会党人法，那你们和普特卡默有什么区别呢？其实这对我个人来说，倒是无关紧要的：如果我决定要讲话，任何国家的任何党都不能迫使我沉默。不过，我还是要你们想一想，不要那么器量狭小，在行动上少来点普鲁士作风，岂不更好？你们——党——需要社会主义科学，而这种科学没有发展的自由是不能存在的。因此，对种种不愉快的事应该采取容忍态度，而且最好泰然处之，不要急躁。在德国党和德国社会主义科学之间哪怕是有一点不协调，都是莫大的不幸和耻辱，更不用说二者之间出现裂痕了。执行委员会和你本人对《新时代》以及其他所有出版物保持着并且应该保持相当大的道义上的影响，这是不言而喻的。但是，你们也应该而且可以以此为满足。《前进报》总是夸耀不可侵犯的辩论自由，但是很少使人感觉到这一点。你们根本不知道,那种热衷于强制手段的做法,在国外这里给人造成何等奇怪的印象,在这里,在党内毫不客气地追究资格最老的党的领导人的责任(例如伦道夫·邱吉尔勋爵追究托利党政府的责任),已是司空见惯的事。同时,你们不要忘记:一个大党的纪律无论如何不可能像一个小宗派那样严厉,而且使拉萨尔派和爱森纳赫派合在一起(在李卜克内西看来,这却是他那个了不起的纲领促成的!)并使他们如此紧密地联合起来的反社会党人法,如今已不复存在了。……

德国社会民主党有关纲领选编

德国社会民主工党纲领

(1869年在爱森纳赫通过)

一、社会民主工党争取建立自由的人民国家。

二、社会民主工党的每个党员必须竭力实现如下各项原则:

1. 现今的政治制度和社会制度是极不合理的,因而必须最坚决地反对。

2. 为劳动阶级的解放而斗争不是为阶级特权和优先权而斗争,而是为平等权利和平等义务,为消灭一切阶级统治而斗争。

3. 工人对资本家的经济依附性构成一切形式的奴役的基础,因此,社会民主工党在通过合作劳动废除现今的生产方式(工资制度)的条件下,争取使每个工人获得全部的劳动所得。

4. 政治自由是劳动阶级经济解放的必不可少的前提。因此,社会问题同政治问题是不可分割的,前者的解决取决于后者,而且只有在民主国家中才有可能。

5. 鉴于工人阶级的政治解放和经济解放只有当工人阶级进行共同的和统一的斗争的时候才是可能的，社会民主工党宣布自己是一个统一的组织，但是它也使每一个成员能够利用自己的影响来为整体的利益服务。

6. 鉴于工人的解放既不是一个地方的任务，也不是一个国家的任务。而是涉及一切具有现代社会的国家的社会任务，社会民主工党认为自己是——只要结社法允许——国际工人协会的一个分支，并参与它的活动。

三、社会民主工党主张把下列各点作为鼓动工作中的最近要求：

1. 凡年满19岁的男子在国会、各邦的议会、省和市镇的代表机构以及其他一切代表机关的选举中，都享有普遍的、平等的、直接的和秘密的选举权。应给当选的代表足够的津贴。

2. 实行直接的人民立法(即提出和否决议案的权利)。

3. 废除等级、财产、出身和宗教信仰的一切特权。

4. 建立国民军以代替常备军。

5. 教会同国家分离，学校同教会分离。

6. 实行国民学校的义务教育，以及一切公共教育机构的免费教育。

7. 保证法庭的独立性，建立陪审法庭和专业法庭，实行公开的和口头的审判程序，实行免费诉讼。

8. 废除一切新闻出版、集会和结社的法律；实行正常工作日制度；限制妇女劳动和禁止儿童劳动。

9. 取消一切间接税，实行单一的直接累进所得税和遗产税。

10. 国家要促进合作社事业，在民主保障下为自由的生产合作社提供国家贷款。

德国工人党纲领

（1875年3月7日发表在《人民国家报》上）

一、劳动是一切财富和一切文化的源泉，而因为有益的劳动只有在社会中和通过社会才是可能的，所以劳动所得应当不折不扣和按照平等的权利属于社会一切成员。

在现代社会，劳动资料为资本家阶级所垄断；由此造成的工人阶级的依附性是一切形式的贫困和奴役的原因。

劳动的解放要求把劳动资料提高为社会的公共财产，要求集体调节总劳动并公平分配劳动所得。

劳动的解放应当是工人阶级的事情，对它说来，其他一切阶级只是反动的一帮。

工人阶级为了本身的解放，首先是在现代民族国家的范围内进行活动，同时意识到，它的为一切文明国家的工人所共有的那种努力必然产生的结果，将是各民族的国际的兄弟联合。

二、德国工人党从这些原则出发，用一切合法手段去争取建立自由国家和社会主义社会：废除工资制度连同铁的工资规律和任何形式的剥削，消除一切社会的和政治的不平等。

三、为了替社会问题的解决开辟道路，德国工人党要求在劳动人民的民主监督下，依靠国家帮助建立生产合作社。在工业和农业中，生产合作社必须广泛建立，以致能从它们里面产生总劳动的社会主义的组织。

德国工人党提出下列要求作为国家的自由的基础：

1. 凡年满20岁的男子在国家和地方的一切选举中都享有普遍的、平等的、直接的和秘密的选举权。

2. 实行直接的人民立法，人民有提出和否决议案的权利。

3. 实行普遍军事训练。以国民军代替常备军。由人民代表机关决定宣战与媾和。

4. 废除一切特别法，尤其是关于新闻出版、结社和集会的法律。

5. 实行人民裁判。实行免费诉讼。

德国工人党提出下列要求作为国家的精神的和道德的基础：

1. 由国家实行普遍的和平等的国民教育。实行普遍的义务教育。实行免费教育。

2. 科学自由。信仰自由。

德国工人党提出下列要求作为国家的经济的基础：

向国家和地方交纳单一的累进所得税，取消一切现行税，特别是间接税。

德国工人党在现代社会内部提出下列保护工人阶级免遭资本势力之害的要求：

1. 结社自由。

2. 正常的工作日和禁止星期日劳动。

3. 限制妇女劳动和禁止儿童劳动。

4. 对工厂工业、作坊工业和家庭工业实行国家监督。

5. 调整监狱劳动。

6. 实行有效的责任法。

后　记

　　从事理论研究工作，冷静是必备素质，即便这种理论研究主要以批判的形式进行。因而无论马克思在写作《黑格尔法哲学批判》《德意志意识形态》《神圣家族》，还是《资本论》①时，其犀利的文字中无一不透着冷静的力量。纵观马克思的所有著述，也许只有在阅读《哥达纲领批判》时，我们才能领略马克思笔下那股愤怒的力量。

　　当我第一次读《哥达纲领批判》时，只知道马克思极端情绪化，但并不能理解马克思为何愤而成篇，反而还觉得马克思小题大做了，《哥达纲领批判》似乎并没有他说的那么糟糕。为了担心自己是误判，还字斟句酌地读《哥达纲领批判》好几遍，但最终也只记住了最后一句"我已经拯救了自己的灵魂"。直到许多年后，当我认真地把三卷《资本论》外加一卷《剩余价值学说史》读过后，方才逐渐理解了马克思在《哥达纲领批判》中透露的愤怒之火。

　　马克思那么多的生前好友以及身后追随者，我想能够真正理解并感

---

① 《德意志意识形态》的副标题是：对费尔巴哈、布·鲍威尔和施蒂纳所代表的现代德国哲学以及各式各样先知所代表的德国社会主义的批判；《神圣家族》的副标题是：对批判的批判所做的批判；《资本论》的副标题是：政治经济学批判。

同身受马克思的这种异常愤怒，也就是恩格斯和列宁。前者在暮景残光之年不惜冒着与战友决裂的风险，顶着党内外的巨大压力，时隔十几年后也不忘把这份《哥达纲领批判》公之于众。后者则在领导革命的紧要关头，重新发现《哥达纲领批判》的价值，并在《国家与革命》里把马克思在愤怒中迸发的天才火花发扬光大，系统地阐述了马克思主义国家学说和无产阶级专政理论。

总之，让我们回归文本语境，尝试着去领略马克思愤怒的力量、理解马克思愤怒的缘由，或许通过这种方式，我们便可以知悉自身的理论素养和学术修为。

刘　伟

2024年5月